LA VILLE DES SOTIATES

PAR

Eugène CAMOREYT

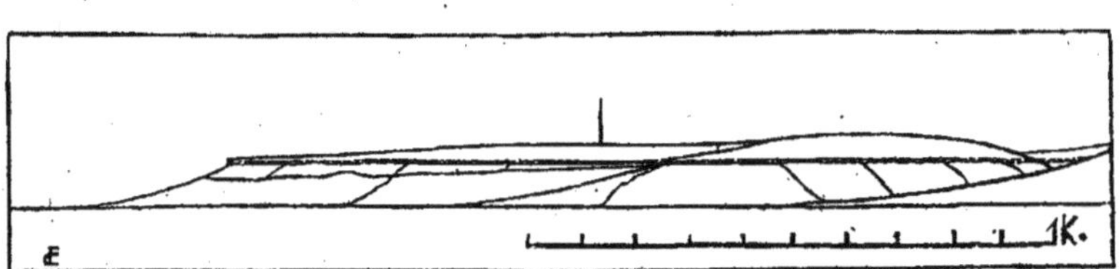

AUCH

IMPRIMERIE NOUVELLE TH. BOUQUET, RUE BAZILLAC

—

1897

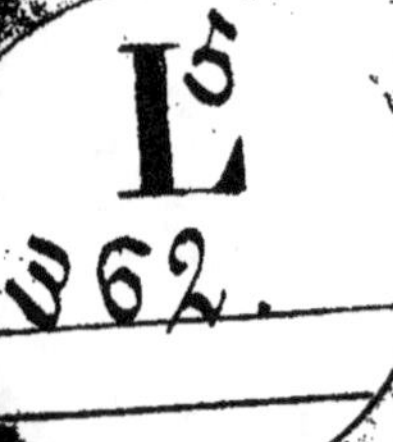

ÉTUDES

DE

GÉOGRAPHIE HISTORIQUE

LA VILLE DES SOTIATES

PAR

Eugène CAMOREYT

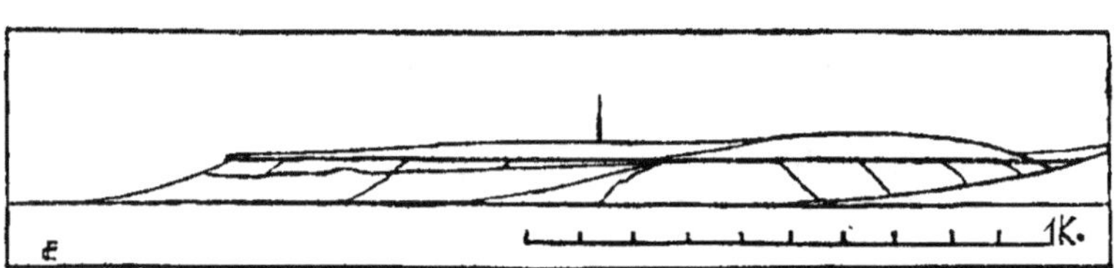

AUCH

IMPRIMERIE NOUVELLE TH. BOUQUET, RUE BAZILLAC

—

1897

EUGÈNE CAMOREYT

Etudes de Géographie Historique

LA VILLE DES SOTIATES

Tous les Gascons qui se sont intéressés, si peu que ce soit, à l'histoire de leur pays, ont appris de bonne heure qu'il y a dans cette histoire un oppidum célèbre pour avoir voulu résister, et non sans quelque gloire, aux armées romaines : l'Oppidum des Sotiates. En même temps, ils ont adopté volontiers l'opinion commune qui identifie depuis longtemps cet oppidum avec le lieu de Sos (Lot-et-Garonne); Sos : Sotiates ou Sotiates : Sos ! La démonstration est si simple et si claire que chacun, dans le présent comme dans le passé, se l'est faite mentalement, sans peine, et comme sans y penser.

Des savants, procédant de la sorte, ont confirmé de leur autorité cette identification ; il n'en pouvait être du moins. Quant à ceux qui ne l'ont pas admise, ils sont demeurés comme dans les lointains d'une nébuleuse. Certains d'entre eux, pourtant, parmi les plus anciens, étaient allés — à l'honneur de la critique française — jusqu'à la déclarer absurde (*ineptam*) ! Mais ils sont restés plus ignorés encore que les autres, et les injures ne sont pas des raisons.

En réalité, pour si erronée qu'elle puisse être manifestement, il n'est pas facile de réagir contre une opinion fondée, comme ici, sur un raisonnement personnel tout flatteur, ayant fait naître chez tous, ou presque tous, comme une sorte de sentiment paternel

Pour notre part, nous pensons qu'il aurait été mal reçu celui qui serait venu nous dire, autrefois, qu'il n'y avait rien de légitime dans cette idée de Sos, et que nous avions caressé une illusion. Pour le moins, après un moment de stupeur, nous l'aurions considéré avec quelque pitié, et renvoyé charitablement aux véritables savants, sans oublier peut-être l'*Histoire des Romains*, de M. Duruy, si l'ouvrage de cet historien, si regretté, eût déjà existé.

Mais il ne faut jurer de rien ; nous-même, dans un écrit (1), essayâmes, il y a treize ou quatorze ans, de détruire notre propre conception du passé, la nôtre comme celle de tant d'autres. Cette œuvre délicate nous valut, malgré plusieurs défauts que nous reconnaissons aujourd'hui, mais dont aucun ne saurait atteindre le fond, quelques approbations convaincues (dont une au moins fut exprimée d'une façon fort chaude et fort éloquente), des félicitations sincères, d'autres prudentes et polies, des impolitesses et un certain nombre d'ennemis ! Nous eûmes encore l'honneur de quelques mots de critique, dans des livres ou des revues : les uns maintenant Sos par un grand nom ; les autres, signés d'un nom plus grand encore, nous

(1) Eugène Camoreyt; *L'emplacement de l'oppidum des Soliates. Revue de Gascogne*, 1882, 1883 ; tirage à part : Auch, G. Foix ; Paris, Champion, 1883.

donnant raison de l'avoir repoussé ! Mais principalement nous avons eu, en ces derniers temps, un contradicteur abondant et décidé (1).

Avec une assurance glorieuse, contrastant au moins avec la trop grande timidité que nous avions mise à présenter ce que nous pensions être des raisons et des preuves, il a renversé « à terre » et ces preuves et tout le reste, et si bien que nous avions jugé d'abord ne pas pouvoir y répondre. Si nous l'essayons aujourd'hui, ce n'est que poussé par des amis pressants, même impérieux, qui ne se rendent pas compte des difficultés d'une pareille tâche. (2)

I

1. — Premièrement, laissons parler Bergier en son *Histoire des grands chemins de l'Empire romain* (p. 588), écrite en bon vieux français, et en un temps où l'on étudiait

(1) A. Breuils; *L'Oppidum des Sotiates. Revue de Gascogne*, 1895 (Mai et Juin).

(2) M. l'abbé A. Breuils, encore jeune, est mort avant l'impression de notre mémoire écrit depuis de longs mois. Nous n'entendions et nous n'entendons viser que la thèse qui selon nous a été opposée à la vérité et nullement l'homme destiné à une fin prématurée et regrettable. Son mémoire exprime du reste des opinions collectives plutôt qu'une opinion particulière. Aussi s'est-il trouvé déjà en France et en Allemagne d'illustres épigraphistes qui l'ont hautement apprécié. Même l'un d'eux l'a repris et refait parallèlement avec le même esprit, les mêmes développements ou à peu près, et les mêmes conclusions ! C'est donc plutôt à ces savants que s'adresse aujourd'hui notre réplique, dans le même sens impersonnel. Il n'y aura très justement dans la forme qu'à entendre le pluriel presque toutes les fois que s'y trouvera le singulier : lire, nos contradicteurs au lieu de « notre contradicteur. »

encore les anciens auteurs : « Quant aux deux noms de *Urbs* et *Oppidum*, quoy qu'ils soient divers en leur origine ne laissent de signifier une même chose en substance : encore que quelques-uns y mettent différence, signifiant par *urbes*, les grandes villes closes et par *oppida*, les moindres, que vulgairement nous appelons des bourgs ; à laquelle différence les meilleurs auteurs ne s'astreignent pas. » De fait, chez tous les écrivains de l'antiquité, dont plusieurs ont eu à se servir de ce mot une infinité de fois ou ont eu même à le commenter, *oppidum* signifie toujours une ville plus ou moins considérable et *parva oppida* sont des termes employés pour les petites villes. C'est ainsi, par exemple, que *oppidum* et *urbs* se trouvent appliqués indifféremment par César, à trois villes des plus importantes de la Gaule : *Avaricum, Alesia, Gergovia* (*B. G.* VII, 13, 15, 4, 36. 68). Ce sont les modernes qui ont changé le sens du mot *oppidum* : Surtout en Gascogne où, de Lourdes à Sos et de Sos à Lourdes, on en est venu jusqu'à nous présenter des oppidum de cinquante ou soixante mètres de côté, et, tout récemment, un oppidum « en forme d'ellipse » ayant dix-huit mètres pour le petit axe et trente-trois mètres pour le grand ! Ainsi, oppidum n'est pas un mot français dans le sens antique, et nous eûmes tort de l'employer autrefois, nous fiant à autrui. Tout en présentant au mieux le sujet, cette correction tire déjà notre honorable contradicteur de l'embarras de savoir s'il faut faire franchir à son *Oppidum des Sotiates*, Sos, ses limites naturelles, trop petites pour avoir jamais contenu une ville.

2. — D'après les principes de l'art qui veulent que l'on s'occupe du *contenant* avant de s'occuper du *contenu*, nous avions donné en commençant les limites géographiques de l'Aquitaine, d'après César et quelques autres auteurs de l'antiquité : « L'Aquitaine proprement dite, l'Aquitaine de César, était bornée par les Pyrénées, l'Océan et la Garonne » disions nous, suivant ces autorités, les seules qui vaillent, en la matière. A quoi notre contradicteur répond indirectement dans le courant de sa triple thèse, car c'est bien une triple thèse qu'il a faite, « il » convient d'observer que, d'après César, la » Garonne n'a été frontière que de l'Aquitaine et de la Celtique (!) ; il ne dit nulle » part (!) qu'elle l'ait été aussi dans son cours » supérieur entre l'Aquitaine d'une part et » la région des Volkes Tectosages, etc. » Il faut, comme préparation spéciale, ne jamais avoir lu seulement jusqu'au bout le chapitre Ier du livre I de César, si substantiel et si court, pour s'exprimer ainsi. Au reste, la remarque si fautive de notre contradicteur se trouve dans divers ouvrages modernes. Elle est une preuve que plusieurs auteurs n s'informent seulement pas de ce dont ils veulent parler, et qu'ils nous font ainsi de la géographie historique, selon leur digne suffisance. C'est pour cela peut-être, la majorité des hommes ayant un penchant pour l'erreur, que souvent on vous oppose des auteurs de ce genre comme des autorités que chacun doit suivre, sous peine d'être ridicule !

3. — Des limites géographiques formelles données par César, qui seulement n'a pas

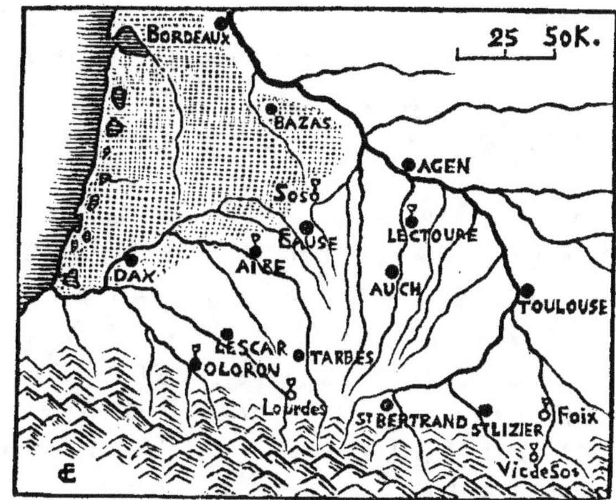

Ancienne Aquitaine et petites parties de la Celtique et de la Province. Les villes qui furent capitales de cités gallo-romaines sont en majuscules sous leur nom actuel. Une enseigne surmonte les divers lieux où on a placé de nos jours la ville des Sotiates.

noté les petites enclaves étrangères des *Convenae* et des *Bituriges Vivisci* aux deux extrémités de la Garonne, nous partions, par une suite de raisons de sens commun, pour montrer la parfaite invraisemblance d'une marche de P. Licinius Crassus, lieutenant de de César, (56 ans avant J.-C.) allant d'emblée à Sos dans les Landes, éloigné des frontières et presque au milieu des terres. Et notre contradicteur, qui devait nous suivre « pas à pas » ne vise d'abord, et sans possibilité de l'atteindre du reste, qu'une seule de ces raisons, et de manière à faire croire qu'il n'y en a pas d'autres ! En retour, il en avance de son cru qui sont des plus singulières. Ce que nous avions rendu par les termes « à deux pas de la Province (1) », c'est-à-dire

(1) On sait que le sens du mot *province* s'était restreint, au temps de César, jusqu'à ne plus désigner

qu'il n'y avait que le Tarn à traverser pour aller de chez les Nitiobriges ou Agenais dans la Province Romaine et se trouver en même temps sur les frontières les plus facilement franchissables de l'Aquitaine (séparée de la Province, à l'orient, par le cours supérieur de la Garonne seulement), notre contradicteur le change. au résumé, comme suit : « On voit aisément le long circuit » qu'aurait été obligé de faire Crassus, partant de l'Anjou et allant dans la Province « pour se rendre » ensuite en Aquitaine ». Il lui aurait fallu « sur son chemin, depuis les bords inférieurs » de la Loire jusqu'au bassin inférieur du » Rhône (!!) », « traverser des pays pure- » ment gaulois » « en fermentation » donc » double et très grave difficulté de la lon- » gueur et de l'hostilité des pays traversés » !! Ainsi, on voit forcément la conclusion, que Crassus ne put raisonnablement entrer en Aquitaine que par le pays des Nitiobriges. Et la première partie de notre thèse est « à terre », et les arguments indéfinissables qui l'ont renversée deviendront des preuves pour la suite, et appuieront d'autres preuves de même force qui anéantiront, au fur et à me- sure, tout ce que nous avions pu dire, même la teneur des documents originaux.

4. — Au reste, il est juste de remarquer que la bonne cause de notre contradicteur

que la partie de la Gaule dont la conquête par les Romains fut achevée 100 ans, environ, avant J.-C. Cette désignation s'est conservée, en bonne partie, jusqu'à nos jours sous la forme *Provence*; bien que les docu- ments de l'antiquité nous apprennent qu'officiellement la dénomination de Province fût remplacée par celle de Narbonnaise.

semble, un peu partout, l'avoir assez troublé. Cela est surtout très sensible dans les commencements où il écrit encore ceci, qui est parfaitement inintelligible : « Crassus, sur
» les confins immédiats de l'Aquitaine et,
» avant d'aller plus loin, s'attacha à réunir
» des vivres et de nombreux auxiliaires en
» hommes et en chevaux (ce qui prouve bien,
» une fois de plus, que ces préliminaires de
» la campagne eurent lieu non pas dans la
» Province, mais bien dans une région immédiatement voisine de l'Aquitaine) » !! Et il insiste dans le même sens en disant « que
» les auxiliaires de la Province pouvaient
» parfaitement se rendre de Narbonne, Carcassonne (1) et Toulouse chez les Nitiobriges. Ils n'avaient qu'à suivre les plaines
» de l'Aude, du Lauraguais et de la Garonne
» où leur route était toute indiquée. »

Tout cela, pour répondre à la nécessité éventuelle, dont nous avions parlé, du passage du Tarn plus ou moins près de son confluent avec la Garonne, par des hommes isolés ou en troupes peu nombreuses. Ce que notre contradicteur interprète par « des détours vers le Tarn », supposés, dit-il, par nous et qui ne se conçoivent pas bien. Nous en sommes très d'accord. Mais seulement, poursuit-il, « au point où » on quittait la Province et où les « recrues » « rencontraient » enfin les bords escarpés du Tarn, c'était

---

(1) Il n'est pas question de Carcassonne sur les plus anciens manuscrits de César. Toulouse se trouve aussi avant Narbonne dans le texte; ce qui n'est pas indifférent dans la suite naturelle de ce texte. On saisit la raison qui a porté notre contradicteur à tout renverser.

» pour entrer chez les Nitiobriges, par con-
» séquent chez un peuple ami. » Nous
n'avions pas dit autre chose : entendu seulement qu'il ne pouvait y avoir de sécurité
pour de petites troupes sur le territoire des
Nitiobriges qui n'étaient pas, historiquement,
les amis des Romains; mais au contraire de
leurs plus ardents ennemis. Remarquons
encore que les *recrues*, d'après notre contradicteur, auraient pu aller facilement et directement de la Province chez les Nitiobriges,
mais non point Crassus de chez les Nitiobriges (où il était arrivé « en ligne droite ») dans
la Province !

5. — Ce trouble dans les idées, qui demeure
toujours une excuse, pour être moins saillant
dans la suite, sauf à trois ou quatre reprises,
n'en rend que plus graves d'aspect (comme
elles le sont au fond) les fautes que notre
contradicteur commet en voulant expliquer
des textes qu'il montre ne pas comprendre le
plus souvent; autrement, il arrive qu'il les
modifie profondément en faveur de sa thèse !
Ce double défaut, non vulgaire, se manifeste
surtout là où il est allé jusqu'à prévoir, dans
une leçon qu'il donne sur des points qu'il
ignore lui-même, des objections qui pourraient se produire ! Nous retournerons donc
cette leçon, qui est sur le vrai sens du mot
« auxiliaires ». Elle contiendra, en même
temps, des objections non prévues et la jus-
tification de ce que nous venons d'avancer
au sujet de l'altération des textes : Tous ceux
qui se sont occupés des légions romaines
savent, excepté notre contradicteur, que ces
légions n'allaient point sans auxiliaires. Les

cohortes légionnaires étaient composées de citoyens romains, et les cohortes auxiliaires, à peu près égales aux autres en nombre et en effectif, étaient composées d'hommes libres seulement, des provinciaux. C'est pourquoi Crassus, qui n'avait d'abord que douze cohortes légionnaires et une nombreuse cavalerie, comme le dit César toujours si précis, dut lever les auxiliaires pour former son armée selon la coutume et les règles romaines. De la cavalerie, en petit nombre, était aussi attachée aux légions, et Crassus avait déjà un nombre exceptionnel de cavaliers. Il en leva d'autres, pourtant. ce qu'explique bien son objectif immédiat en Aquitaine, où la cavalerie était la principale force.

César distingue, naturellement et clairement encore, des auxiliaires règlementaires ces cavaliers levés en plus. Enfin, Crassus ajouta une levée d'*evocati*, ou anciens soldats retirés du service, que notre contradicteur a appelés plus haut des recrues, et qu'il confond ici avec le terme *evocare* « qui n'a aucun rapport avec l'idée d'*evocati* ». Ce furent des *evocati* d'élite, d'où *viris fortibus* dans le texte de César : ce que notre contradicteur remplace, dans ses citations latines démonstratives et données comme textuelles, par des points précédés du mot *auxiliis* et suivis des mots *Tolosa. Carcassone et Narbone evocatis* (*!!*) Il fallait cette triple ou quadruple inexactitude, c'est-à-dire plusieurs altérations du texte par addition et suppressions (Cf. *B. G.* III, 20), pour la conclusion tirée ici de son ensemble, incompris d'une part et arrangé de l'autre. Il n'y eut pas, ainsi, comme le combine notre contradicteur,

« deux sortes d'auxiliaires » indiquant nécessairement deux régions de recrutement, mais bien trois sortes d'auxiliaires en impliquant une seule, la Province : 1º Les auxiliaires de légion, qui firent avec les douze cohortes de Crassus une légion complète et partie d'une autre ; 2º les cavaliers de renfort : auxiliaires dans le sens ordinaire du mot ; 3º les évocats (en grand nombre, *multis*) : auxiliaires spéciaux et extraordinaires. Pour ces derniers, qui n'étaient pas soumis à des ordres, il y eut, sans doute, sollicitation particulière et personnelle du chef les engageant à le suivre : *nominatim evocatis*, et non pas..... *Narbone evocatis* (1).

6. — « Le Sénat de Rome accordait le titre d'ami du peuple romain à des peuples, à des rois, à de simples particuliers. Pour les peuples, cette amitié stipulait seulement un engagement mutuel de ne pas molester leurs amis, ni seconder leurs ennemis ; pour les rois, le titre était strictement personnel ; pour les particuliers, il était héréditaire. » Combien tout cela, qui n'est pas de nous et n'a pas été établi seulement pour nous par des maîtres, remet dans le néant qui lui appartient cette fameuse alliance des Nitiobriges, qui avait donné aux Romains tant de commodités, et permis de lever et d'accepter sept ou huit mille Nitiobriges en qualité

(1) M. Mommsen a pensé (selon l'auteur d'un mémémoire que nous suivons) que l'inscription ci-après, trouvée à Minturnes, se rapporte au temps de César et vraisemblablement à cette levée : Q. ANCHARIVS C. F. POL. NARBONES EQVES EVOCATVS ANNOR. NAT. XXIII ALA SCAEVAE (*Corpus*, X, 6011.)

d'auxiliaires de légion ! Sans compter l'équipement, les chevaux, les cavaliers et les vivres ! Ce ne pouvait être qu'un rêve, un rêve par ignorance de la chose, au surplus. Nous en demandons bien pardon « à la plupart des historiens » de la masse, desquels notre contradicteur a pensé nous accabler. Ici, cette pluralité prouverait bien seulement, une fois de plus, ce que pèsent les opinions d'une multitude de gens qui écrivent sur des choses qu'ils n'ont jamais étudiées, un seul instant peut-être.

7. — Mais notre contradicteur n'en est pas resté là. Il a trouvé, par à peu près d'abord, ensuite d'une manière précise, le temps même de cette alliance !! L'à peu près, il le tire de l'incidente *cujus pater*, à propos d'Ollovicon, qui avait reçu du Sénat le titre d'ami (d'où toute l'idée et toutes les preuves de la célèbre alliance avec le peuple que nous venons de voir) et qui était père de Teutomat, roi des Nitiobriges. Mais cette incidente *cujus pater*, qui « ne se comprend plus en dehors de cette explication », prétend-t-il. César — qu'il faut étudier de près, dit aussi notre contradicteur — l'a employée une ou deux fois encore, *cujus pater, cujus avus*, sans qu'on puisse en tirer le moindre soupçon d'une « amertume » superficielle ou profonde, la moindre « intention cachée », les moindres « vifs regrets » et infiniment moins encore la « sûreté que César avait connu lui- » même Ollovicon et le temps où les Nitiobri- » ges étaient des alliés et non des adver- » saires ». C'est à propos des fils ou petits-fils d'un roi des Séquanes, et d'un roi d'une

des cités de notre Aquitaine, qui avaient comme Ollovicon, reçu le titre d'ami, que César entre encore dans ces intéressantes digressions, qui sont au reste parmi les mille dont son œuvre fourmille. Et de cette suite de rois amis, à laquelle il convient de joindre un roi des Germains qui s'était avancé jusqu'aux limites de la Province, il résulte assez clairement que seul Ollovicon n'était pas roi ! Bien mieux, si par impossible, si par renversement de toutes choses, il avait pu rendre aux Romains les services en question, si même il les leur avait simplement rendus, dans un ordre de choses naturel et normal (qui seulement n'existait pas ici) c'est ce que César n'aurait pas manqué de rappeler. C'eût contrasté autrement bien que *cujus pater* et la suite, avec la présence de Teutomat son fils parmi les ennemis des Romains et fournissant à Vercingetorix un nombreux contingent de cavaliers. Au contraire, si César n'a pas dit, formellement, où Crassus alla compléter et renforcer si considérablement son armée et pourvut aux vivres, c'est qu'il allait de soi que ce fut dans la Province, contiguë à l'Aquitaine où Crassus devait opérer, dont lui César était le proconsul, et où, ainsi, il leva lui-même des légions entières, et tira une infinité de secours durant la guerre des Gaules. C'est l'opposé qui aurait été extraordinaire, et qui aurait eu besoin d'être noté expressément.

8. — La preuve que l'alliance... existait juste au moment de la campagne d'Aquitaine, notre contradicteur la tire de ce que Crassus ne porta pas la guerre chez les Nitio-

briges, dont il fait une enclume, tandis que les Aquitains sont le marteau ! Mais pourquoi la guerre chez les Nitiobriges, plutôt alors que chez les *Bituriges Vivisci*, et les *Bituriges Cubi*, et les *Petrocori*, et les *Limovices*, pour ne citer que ceux-là, tous plus rapprochés des Vénètes, où était le foyer de la révolte ? Il n'y avait pas lieu, sans aucun doute, disons-nous d'après le silence des textes à leur égard, comme à l'égard des Nitiobriges ; ils n'avaient, indubitablement, ni ensemble ni en particulier, nullement menacé de participer à cette révolte. Au contraire, la chose est certaine pour les Aquitains, qu'il s'agissait, comme le dit César, d'empêcher de faire passer des secours dans la Gaule (*Galliam*), et ainsi : « de s'opposer à la réunion d'aussi fortes nations » que celles qu'il venait d'énumérer nominativement avec les Aquitains, et contre lesquelles il dépêcha deux autres de ses lieutenants. Il se chargea lui-même des Vénètes et de leurs plus proches voisins. Le texte de César porte *Galliam*, dans un sens restreint, ce que l'on trouve sur d'autres monuments, ne sous-entendant encore ici que les cités liguées ou qui menaçaient de se liguer, énumérées et prévenues, comme nous venons de le dire. Et notre contradicteur n'en conclut pas moins : « Il est donc avéré qu'au moment de » la campagne d'Aquitaine l'alliance existait » entre les Romains et les Nitiobriges » ! Et il ajoute : « Cette conclusion acquise et bien établie, » etc. !!

9. — Cette vision d'une chose qui n'a pas été, ces singulières preuves du temps et du

moment de cette chose imaginaire (laquelle même réelle indiquerait encore Lectoure, notre ville des Sotiates, mieux que tout autre endroit de l'Aquitaine) ; tout cela, qui constitue les seuls développements possibles dans l'erreur d'une opinion sans autre fondement qu'un sentiment personnel irréfléchi, n'est pas ce qu'il y a de pire dans cette partie principale de l'insoutenable thèse. C'est dépassé par l'invraisemblance que si, Crassus avait dû partir de chez les Nitiobriges pour entrer en Aquitaine, avant lui un autre lieutenant, ensuite un proconsul, allant pour conquérir l'Aquitaine (ainsi que le fait comprendre le texte sans aucune équivoque) et qui furent battus par les Sotiates, eussent dû en faire autant. Avaient-ils donc eux aussi été affectés de cette étrange manie militaire de ne pas vouloir commencer par les commencements, et de vouloir, au contraire, laisser entre eux et la Province (leur province) des territoires considérables avec leurs populations en contact avec cette province ; et, sur le point le mieux stratégique, une ville renommée comme la forteresse et la « clef » du pays de Gascogne, encore jusqu'à la fin de notre XVIe siècle ? Et étaient-ils donc eux aussi, comme il le faudrait pour cette inconcevable manœuvre trois fois répétée, partis l'un après l'autre de l'Anjou pour suivre *la ligne droite* passant par Aiguillon ? Notre contradicteur se surpassant, pour être logique, ne paraît pas éloigné de l'admettre en disant que le lieutenant, dont nous venons de parler, « y perdit » la vie, et son armée fut rejetée au loin vers » la Celtique ou la Province » ! En outre de

tout le système, c'est l'idée de Celtique qui est
ici assez accusatrice. D'ailleurs, à notre ancienne objection, que dans l'Aquitaine, qui
s'étail maintenue en face des Romains sur
une largeur de cent quatre-vingt kilomètres
(*au minimum*), la place la plus forte, le
peuple le plus puissant et le plus brave,
auraient été loin des frontières de la Province
Romaine, « presque au milieu des terres » il
a répondu par cette remarque que ses Sotiates « n'étaient pas éloignés des frontières,
» puisqu'ils s'étendaient jusqu'à la Garonne
» frontière de l'Aquitaine » : au nord ! Où,
paraît-il, ils n'étaient plus en face des Nitiobriges, mais bien « en face des Romains »
depuis un demi siècle ! Et ceci est amené,
plus au long, dans un passage, d'après lequel
c'est nous qui n'aurions pas très bien su ce
que nous voulions dire !

10. — Il est vrai qu'ayant dans l'esprit
des réponses et des démonstrations pareilles,
notre contradicteur n'avait bonnement pas
à penser qu'en créant, comme il l'a fait, une
cité en plus dans les Landes, et qui n'a jamais
exislé que dans son imagination, il laissait
un territoire en trop, vers les deux frontières
romaine et celtique. Que là a été une cité
illustre, et que sa capitale (1) plus célèbre

(1) Pour les villes où siègeait l'*Ordo* ou Sénat des
cités, ce terme de *capitale* est parfaitement juste, pour
tous les temps de notre antiquité gauloise et gallo-
romaine; tandis que celui de *chef-lieu*, par lequel on
le remplace souvent, n'a en lui-même aucune justesse
pour les mêmes temps. Les commentateurs n'em-
ployaient que le premier de ces termes avant la création
de nos préfectures et sous-préfectures, d'où a été, improprement, tiré le second.

encore, jusqu'à ces derniers temps, était plus rapprochée des Nitiobriges et des Romains que toute autre ville de l'Aquitaine qui soit connue. Notamment plus rapprochée que Sos, non-seulement des Romains mais des Nitiobriges et de leur ville capitale, et que, partant de chez ces derniers, c'eût été par Bazas, beaucoup plus au nord, ou par Lectoure qu'il aurait fallu commencer, sous peine de se trouver pris éventuellement comme dans un étau. C'est pourquoi nous avions dit, après d'autres, que partant de Sos, Crassus serait remonté au nord, ou au nord-ouest, ensuite serait revenu au midi. Ce que, comme esprit de suite, il y a apparence, notre contradicteur a embrouillé de telle manière qu'il est impossible de comprendre ce que nous avions dit et ce qu'il a voulu dire.

11. — Il ne paraît pas, d'ailleurs, mieux entendre, bien qu'il y revienne plusieurs fois — l'argument étant au reste capital pour lui — ce qui peut être d'une ligne droite que ce qui est de la géographie historique ou de la topographie antique dans nos régions. Partant de l'Anjou, et passant dans le Poitou et la Saintonge, en utilisant, naturellement, les chemins qui devaient relier les villes (*Ratiatum* et *Mediolanium* : Poitiers ou *Limonum* eût été dans ce cas le chemin de l'école) : on tombait par une ligne directe, la plus courte de toutes, au centre des *Bituriges Vivisci* ou Bordelais, loin des *Nitiobriges* qui ne pouvaient alors se rejoindre que par un coude, un grand contour ; même aurait-il fallu passer chez les *Vocates*, si

ceux-ci, n'étaient inadmissibles sur la rive droite de la Garonne au temps de César. Autrement des lignes droites idéales, à vol d'oiseau, pouvaient, sans cesser d'être absolument droites, aller de l'Anjou à Aiguillon ; à Agen ; au confluent du Tarn et de la Garonne, où commençait la Province ; au-dessus de ce confluent; même, passant sur les Cévennes (!), au bassin inférieur du Rhône, où notre scrupuleux contradicteur défendant la vérité a voulu si extraordinairement nous faire aboutir. Alors, on marchait peu ou point en Saintonge, mais assez dans l'Angoumois et le Périgord, ou encore sur le territoire d'autres cités de ce temps-là.

En réalité. Crassus. partant de l'Anjou, ou (beaucoup plus probablement) de la Touraine ou du pays Chartrain, suivit les chemins les meilleurs pour arriver à son but, que ces chemins fissent des contours ou n'en fissent point. Dans la perspective qu'il lui faudrait peut-être un grand mois pour former son armée, comme il était nécessaire (sept mois environ s'écoulèrent entre le départ de Crassus et la réduction de l'Aquitaine), ce n'est pas un jour ou quelques heures de marche de plus qui auraient pu lui faire préférer pour cette fin (y aurait-il eu les facilités supposées) le pays des Nitiobriges à la Province, qui était à deux pas, nous le répétons, et où il devait toucher tout d'abord. Comme il se comprend déjà, sans les autres raisons, si on remarque, que seul des autres lieutenants de César, il était parti avec une armée singulièrement composée et incomplète. Traverser des cités quelconques, avec des troupes déjà d'un chiffre respectable néanmoins, n'avait aucun inconvénient, surtout quand on ne devait pas s'arrêter et qu'il n'y avait pas état de guerre. Aussi, César a-t-il pris la peine de nous dire qu'il marcha lui-même avec son armée, trois jours durant, sur le territoire d'une cité sans rencontrer personne. Pour le temps qui nous occupe, cela explique, par exemple, comment César, peut-être fort peu accompagné, put se rendre de l'Illyrie, près des Vénètes, sans avoir l'avantage de pays pacifiés, comme le Poitou et la Saintonge, dont on a voulu faire quelque chose d'indispensable à la marche de Crassus !

12. — Dans ce vague expressif d'une ligne droite idéale, confondue avec la ligne la plus courte ou la moins oblique, satisfait sans doute encore de son étonnant rapprochement des Sotiates avec les Belges, notre contradicteur n'a donc pu remarquer (non plus que tout à l'heure notre cité), notre si réel et si curieux grand chemin (*itineris magni*), qui venait d'Agen, spécialement à Lectoure, par une ligne des plus directes (que l'on peut si l'on veut prolonger jusqu'à l'Anjou). Et cet autre chemin qui venait d'Auch, et cet autre qui venait du côté de Toulouse et qui allaient joindre, tous trois, le point culminant de notre ville anté-romaine : à 125 mètres au dessus du niveau du Gers, dans son cours le plus voisin. Ville fortifiée par la nature et par l'art, et dont l'étendue, d'un kilomètre et demi, de la pointe de l'ancien château au double fossé (creusé dans le roc) qui coupait le plateau sur le front de cette ville, répond absolument avec le reste — dont en première ligne la position géographique — a toutes les

analogies et a toutes les conditions exigées par la lettre et par l'esprit des textes, quand il est question des Sotiates. (1).

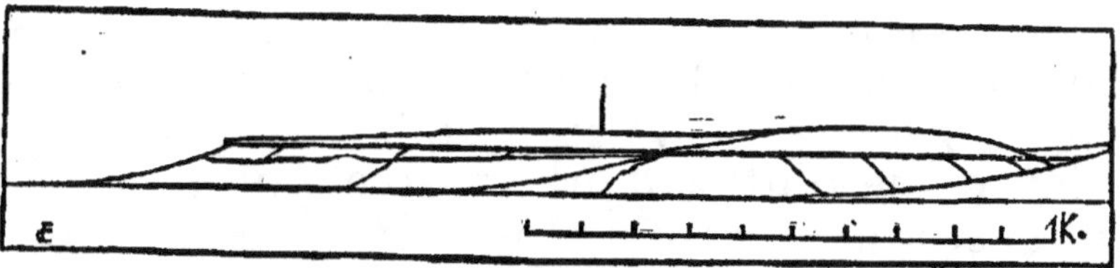

Elévation géométrale du plateau de Lectoure, du côté du Midi.

(1) A cette longueur de 1,500 mètres du plateau de Lectoure répond une largeur. *maximum*, de 900 mètres, qui se réduit à 350 mètres à l'endroit des deux fossés qui furent creusés en travers du promontoire, sur un étranglement ou isthme d'égale largeur. Un double fossé se trouve aussi à l'enceinte celtique de Limes, près de Dieppe, où la muraille s'élève entre les deux fossés. Il en était sans doute de même à Lectoure ; et cette muraille était alors ici déjà formée à la base par l'intervalle de 4 mètres 50 centimètres de rocher, épargné lors du creusement des deux fossés parallèles. Depuis les fouilles dans la partie centrale. qui mirent à découvert cette base de la muraille et les deux fossés — qui sont sans doute, principalement, ce qu'a visé César par *manu munitum* — il a été fait des sondages sur la moitié ou prolongation méridionale de ce remarquable travail de castramétation, et on a pu constater que là les dispositions étaient pareilles à celles que nous avions déjà décrites. Dans cette partie, la terre noire qui a servi pour combler les deux fossés était mélangée de nombreux débris de grosses poteries en terres noire, grise et brune ; on y a trouvé aussi une amphore, en terre rougeâtre, conservée à moitié. De l'autre côté, à l'extrémité qui regarde le nord et sur la pente qui suit le plateau. est encore un avancé de terre en demi cercle qui était peut-être pour défendre l'accès du bout du

La Ténarèze n'était, au contraire, qu'un chemin banal, non particulier à Sos, et il n'a jamais desservi que l'on sache aucune capitale de cité petite ni grande. Et notre exceptionnel contradicteur qui voit clairement des choses vieilles de bientôt deux mille ans — qui n'ont pas même eu besoin d'exister — n'a rien vu de tout ce dont nous venons de parler qui est à la portée de tous. Bien plus, sans nullement y penser, il s'y oppose énergiquement en s'écriant qu'une marche directe de Crassus sur l'Aquitaine « exclut formellement Lectoure » et qu'il *n'insistera* « pas davantage à cet égard » ! !

fossé extérieur ouvert de ce côté, comme il l'était de l'autre, sur les pentes. Cet avancé s'est conservé sans doute, ici, parce que l'endroit est en pelouse plantée d'arbres ; ce qui vient de loin puisque le lieu était dit « *à la Pelouza* » au moyen-âge. De l'autre côté (au midi), où il y a des champs, des jardins et des prairies, toutes traces d'un avancé pareil n'ont pourtant pas disparu : on y distingue encore un petit exhaussement de terre assez étendu mais informe. A Limes les fossés avaient 6 mètres de profondeur et les murailles 20 mètres de hauteur. (Feret et Monayeur, *L'enceinte celtique de la cité de Limes*).

Coupe du double fossé sur le front du plateau de Lectoure.

II

1. — Si nous insistons, pour notre part, même sur une foule de détails, c'est que la thèse de notre contradicteur est triple, comme nous l'avons dit, en visant, en plus de Sos et de Lectoure, les raisons de la nôtre à tout propos, et qu'il nous faut ainsi poursuivre l'examen de la sienne à ses trois points de vue. Cet examen détaillé n'étant pas, au reste, sans pouvoir porter des compléments intéressants, croyons-nous, dominant même parfois les trois sujets qui en sont l'occasion. Poursuivons donc, et constatons qu'il serait d'ailleurs dommage de ne pas remarquer le pays des Sotiates de notre contradicteur, s'accordant si bien avec les textes : « Ce ne » sont que gorges étroites, rochers à pic, » plateaux boisés, terrains marécageux, che- » min s'enfonçant dans le sable des landes ». C'est-à-dire un pays excessivement convenable, on le voit, pour avoir été habité de préférence par le peuple le plus fort de l'Aquitaine, et pour les évolutions de la cavalerie qui faisait la principale force de ce peuple guerrier, d'après César. Si la thèse était ordinaire, nous demanderions comment son honorable auteur n'a pas réfléchi qu'un tel pays ne serait pas même propre à la manœuvre des mulets. Après cela, est bien pâle son autre remarque subsidiaire de ces contrées des Nitiobriges où Crassus trouva facilement, selon lui, ce que le roi de ce pays ne put bien depuis y trouver lui-même, puisqu'il eut recours à l'Aquitaine à prix d'argent. Il pourrait, d'ail-

leurs, répondre que Crassus avait trop pris, et n'avait rien rendu, sous cette remarquable prévoyance politique d'Ollovicon son père, ou des Nitiobriges dont il n'était qu'un citoyen, aidant à établir les envahisseurs de la Gaule sur toute leur frontière du midi, si étendue, en plus de la petite partie qui les joignait déjà. Bien malgré eux sans doute, si on parle d'après leur histoire et d'après toutes les règles ordinaires de la raison. Le fait d'un des leurs, non des moindres assuré-ment, qui sollicita et obtint le titre d'ami des Romains ne vient pas y contredire. Ces recherches de titres d'ami, que l'on retrouve jusqu'en Asie, sur les limites provisoires ou non des conquêtes romaines, étaient bien plutôt des marques de crainte que tout autre chose.

2. — Dans un autre ordre d'arguments. il nous faut remarquer ces Tarusates, mis avant les Vocates, contrairement aux textes, pour nous faire passer chez les Élusates, dont César ne parle pas en cet endroit ! Mais notre ingénieux contradicteur oublie encore que les Élusates n'étaient pas le but, qui seul était à noter dans la concision de César ; et, au reste, que lui ni personne aujourd'hui ne sait au juste ce qu'il faut entendre par ces limites, ou cette limite des Vocates et des Tarusates (dont il est question), ni où étaient, sur aucun point, les limites des Élusates, en n'importe quel temps de l'existence de leur cité. Tout ce que nous pouvons assurer maintenant, de notre part, c'est que les Tarusates. qui ne viennent qu'en seconde ligne, chez César, et non en première,

n'étaient pas à Aire, comme il est dit après nous qui nous étions à tort fié à autrui encore cette fois, et que la Baïse, sur une longueur passablement importante de son cours inférieur, servait de limite à deux cités de l'Aquitaine ou de la *Novempopulana* (formée de la vieille Aquitaine, à une date assez haute de l'Empire Romain très évidemment). Et, soit dit ici en passant, cette limite de la Baïse, la seule connue et la seule certaine dans l'intérieur de notre province, parce que seule — comme les limites du pourtour de la dite provice — elle est donnée par *des documents antiques* qui concordent, est extrêmement remarquable : Elle renverse ici, en coupant en deux l'ancien évêché de Condom, venu de deux parties usurpées par celui d'Agen, et la fameuse règle moderne — qui n'a de certain que des exceptions — des évêchés représentant naguère encore, exactement, les anciennes cités (!) et encore mieux la théorie, au delà de ce qu'on peut voir dans les nuages des archidiaconés ou archiprêtrés, représentant d'antiques *pagi* que l'on ne connaît point.

3. — Mais ce qui dépasse toutes choses, c'est cette incroyable cité des Sotiates, forgée de toutes pièces par notre contradicteur avec une indicible confiance ! Les neuf ou douze cités de la Novempopulana, parmi lesquelles elle ne se trouve pas, il va sans dire, sont amoindries d'origine par le fait des vingt-sept cités primitives de l'Aquitaine, mais non la sienne puisqu'il vient, à lui seul, d'en établir et d'en montrer la grande étendue, justifiant ce qu'en a dit César ! ! : « Puisque nous venons « de montrer (dit-il), qu'à eux seuls ils (les

« Sotiates) occupaient presque toute la super-
« ficie du vaste diocèse de Condom et une
« bonne partie de celui d'Eauze » ! ! « Le
« peuple Sotiate était donc celui qui occu-
« pait le territoire le plus étendu » conclut-il
encore dans une note où ne se trouve, pas
mieux que dans le reste, aucune preuve,
aucune autre démonstration que celles de
son libre arbitre extra critique et extra historique. Nous avouons au reste, sans consentir
pour cela à la moindre comparaison avec
notre contradicteur quand il se récusera lui-
mème, que nous nous sentons incapable de
bien définir cette fantastique cité ; et nous
sommes forcé de descendre à des choses d'une
nature moins immatérielle.

4. — Après les chemins gaulois furent faites
les fameuses voies romaines. Lectoure, trans-
férée de sa hauteur dans la plaine attenante
(au midi), où elle eut, le long des routes, des
faubourgs de deux ou trois kilomètres pour
répondre par le moins aux deux ou trois cents
mètres de ruines romaines au delà du Sos
actuel, selon notre contradicteur ; Lectoure
fut au carrefour de six, au moins, de ces
routes nouvelles : Sur Bordeaux, par Grignols ; sur Agen, par Moirax ; vers Moissac,
par Miradoux (1) ; sur Toulouse, par Sarrant ;

(1) C'est à l'inestimable étude de M. A. Lavergne,
intitulée : *Les chemins de Saint-Jacques en Gascogne*
(*Revue de Gascogne* et Bordeaux, Chollet. 1887) qu'est
due ici la constatation de cette voie célèbre, la première que les Romains firent arriver dans notre province. Elle n'était autre, en effet, que l'une des quatre
grandes voies militaires qu'Agrippa fit rayonner de
Lyon sur les Gaules : Celle « allant de Lyon par les

sur Saint-Bertrand-de-Comminges, par Auch ;
sur Aire, par Condom et Eauze. Sos au con-

Cévennes, jusques chez les Santons et en Aquitaine »
(Strabon, IV, VI, 11). C'est à Rodez que se trouvait la
bifurcation. M. A. Lavergne la fait passer, avec justesse,
au Puy-en-Velay, l'Aubrac, Conques (point probable à
Conques : les pèlerins de Saint-Jacques suivaient les
voies romaines généralement, seulement, parfois, de
grandes dévotions et certains hôpitaux les faisaient se
détourner), Moissac, Malauze, Auvillars, Saint-Antoine-
de-Pont-d'Arrats (plutôt à Mansonville qui est à côté,
dont le nom est significatif et où la voie se trouverait
dans les conditions ordinaires des hauteurs, non à Saint-
Antoine. Ensuite elle passait à Flamarens), Miradoux
(ensuite à Castet-Arrouy), Lectoure..... La Table de
Peutinger marque cette voie jusqu'à Rodez et jusques
vers la Saintonge, par un long et très grand contour.
De Lyon à Lectoure, elle était au contraire des plus
directes et des plus droites, et elle desservait les anciennes capitales suivantes : Lyon, Feurs, Saint-Pau-
lien (remplacé plus tard par le Puy), Javouls, Rodez,
Lectoure. Dans l'autre direction elle desservait en plus :
Rodez, Cahors, Périgueux, Saintes. A Lectoure elle
aboutissait, presque perpendiculairement, vers le milieu
du double fossé du front de la ville, dont nous avons
parlé. Dans la suite, elle fut détournée à 68 mètres,
environ, avant le fossé pour le suivre parallèlement
jusqu'à son extrémité méridionale où, par un deuxième
contour brusque, on lui fit prendre, en pente douce, la
direction de la nouvelle ville de la plaine. De là, elle
rayonna, comme le porte notre texte, sur toute l'Aquitaine et sur Bordeaux (qui n'eut point de communication plus directe avec Lyon), Agen et Toulouse. Toutes
ces routes, surtout la première, furent évidemment en
conséquence de l'importance spéciale de Lectoure en
Aquitaine, avant la conquête romaine et plus ou moins
longtemps après : telle que la notion de cette importance particulière résulte des *Commentaires* de César
et des autres monuments. Le prolongement le moins
oblique de la route de Lyon — sa continuation pour-

traire n'a été desservi par aucune voie romaine que l'on sache : le fameux *Scittio* ou *Scotio*, de l'*Itinéraire de Bordeaux à Jérusalem*, n'était pas Sos ! Nous eûmes le tort grave d'affirmer le contraire dans notre mémoire, déjà ancien, toujours conduit à des fautes par notre confiance à autrui. Il résulte de la vraie route, que nous avons découverte après la Commission de la Topographie des Gaules (1), d'abord qu'elle ne passait pas à Sos, ensuite que le nom de la *mutatio Scittio* ou *Scotio* s'est évanoui et perdu, il y a des siècles, et que cette station antique porte actuellement un nom tout différent de celui-là : C'est en effet Gabarret (Landes) qui la représente aujourd'hui. Ainsi Sos n'est plus même le simple relai, un lieu de la dernière

rait on dire — a été aussi très bien trouvé par M. Lavergne ; il desservit au moins trois capitales : Lectoure, Eauze, Aire. Il existe encore de 12 à 13 kilomètres de ce prolongement, à l'état ancien, entre Lectoure et Condom. Avant la publication de M. Lavergne, nous n'avions aucune idée de cette grande voie militaire de Lyon à Lectoure, bien que des antiquités nous eussent été signalées à Castet Arrouy, à Miradoux et aux bords de la route entre Lectoure et ces deux endroits. Sur les plans que nous avons publiés, le contour qui lui appartient à l'abord de la vieille ville de Lectoure, a été marqué à tort comme la suite de la voie de Toulouse qui, en réalité, s'embranchait un peu plus bas : tandis que notre voie allait passer, de ce contour, sur le mot Bacouère (pour *Bocouère*), écrit dans le sens de la prolongation de la route.

(1) Nous nous exprimons ainsi parce qu'il est vrai que ce n'est qu'après avoir terminé un travail (encore inédit) sur ce point, que nous avons eu connaissance de celui de la savante Commission de la Topographie des Gaules.

catégorie dans le plus détaillé des Itinéraires romains ; ce n'est plus rien dans le silence des documents antiques ! Notre contradicteur y gagne qu'il ne sera plus gêné par ces monuments décevants et dépréciateurs, et qu'il pourra nous décrire, avec la facilité d'imagination qui le distingue, « tout » ce qui « atteste « au contraire l'importance relative de cette « ville à l'époque » « romaine » ! Les monnaies, à légende des Sotiates assez rares partout et trouvées à Sos, *en certain nombre* comme il le donne à entendre. en sont déjà une introduction. En attendant la suite, où il ne faudra pas comprendre pourtant (puisque notre contradicteur le veut déjà, semble-t-il), le piédestal trouvé scié dans l'église de Sos et qui provient sans doute des ruines d'*Elusa* tout simplement, affirmons, après constatations multipliées et nombreuses que dans notre pays — excepté la plupart des capitales de cité — presque toutes les stations des *Itinéraires Romains* paraissent avoir perdu depuis fort longtemps, comme Gabarret, leur nom antique. Si les endroits desservis par les routes romaines qui furent, ou sont encore, journellement fréquentées (1) n'en perdirent pas moins leur nom, comment des noms qui étaient répétés moins souvent se seraient-ils conservés ? Il n'y a pas à dire que nous venons d'expliquer précisément la chose. car il est incontestable que c'est seulement par la force d'un très fréquent usage que presque toutes les villes anciennes, capitales de cité, n'ont pas perdu ces vieux noms, que guettaient

(1) En beaucoup d'endroits les routes modernes passent sur les voies antiques.

ceux des saints du christianisme. Ainsi, comme de toutes les manières, nous ne sommes que trop en droit de demander à notre contradicteur, et non seulement pour nous, mais encore pour tous ceux qui aiment la clarté et la vérité, d'où il tire ses « certainement » que Sos était « *Sotio* ou *Sotia* », à l'époque romaine ? Et, surtout, ses « non « moins certainement » que « *Sotio* ou *Sotia* « (déjà imaginé) dérive en droite ligne du nom « du peuple lui-même dont César nous donne « la leçon *Sotiates*, très voisine de celle que « présentent les monnaies avec leur exergue « Sotiota » ? ?

5. — Ces « certainement » ne sont sûrement « en droite ligne » qu'une suite de ses arguments quelconques, des mots « faciles », des boutades d'exercices littéraires anti-scientifiques. Comme nous l'avions dit, après ceux qui nous l'avaient appris, et après la confrontation d'une infinité de documents confirmant leur doctrine, dans les Trois Gaules (et nulle part ailleurs dans le monde romain), la plupart des capitales de cité ou peuples — sinon toutes — ajoutèrent durant la domination romaine à leurs noms propres plus ou moins anciens, et les retinrent presque partout dans la suite, ceux tout primitifs de ces peuples, qui étaient nécessairement tous différents en principe de ceux de nos villes. D'où Paris, au lieu de *Lutecia* ; Auch, au lieu d'*Eliberre* ou *Augusta;* etc., etc. Ces additions ou mutations de noms ne se produisirent qu'à la suite de l'organisation *gallo-romaine* des cités des Trois Gaules, et ne purent s'étendre qu'à celles de ces cités et capitales

conservées ou restituées par la politique des empereurs. Soit, dans la vieille Aquitaine, cinq, puis neuf, puis douze cités et leurs capitales ; le tout, parfaitement connu et exclusif de ce qui ne s'y trouve pas compté, comme la prétendue cité de Sos. La cause ne fut autre, il y a apparence et certitude au fond, qu'une influence du mode romain, qui n'admettait pour cités que des villes ayant un territoire et des populations subordonnées, sur le mode gaulois (reconnu et conservé ici tout d'abord par les Romains, par privilège unique) qui ne connaissait, au contraire, pour cités que des territoires et des peuples, ayant ou n'ayant pas de villes dans les premiers temps. En termes généraux, il y eut véritablement ici une organisation gallo-romaine (1), tandis que partout ailleurs il n'y avait eu qu'une organisation purement romaine. Mais partout les cités de l'un et l'autre genres

(1) Ce régime gallo-romain se manifeste surtout clairement, et à la lettre, dans la modération de la lieue gauloise conservée légalement en principe dans les Trois Gaules, tandis que dans tout le reste de l'Empire le mille romain avait été imposé. La vraie lieue gauloise équivalait à environ 2,436 mètres, d'après les travaux de M. Aurès et d'après quelques autres (tout comme d'après le milliaire d'Alichamp que nous avons étudié nousmême) ; le mille romain équivalait à 1,481 mètres 50 centimètres. Or, d'après deux auteurs de l'antiquité, divers passages de l'Itinéraire d'Antonin et plusieurs mesurages opérés surtout dans notre province, il y eut ici une deuxième lieue gauloise équivalent juste à 1 mille 1/2 romain, soit, exactement, à 2,222 mètres 25 centimètres ; c'est-à-dire une vraie lieue gallo-romaine, n'étant ni la lieue gauloise, ni le mille romain mais tenant de ces deux mesures par une convention évidente.

eurent en somme, sous l'Empire, les mêmes magistratures municipales, calquées, ou à peu près, sur celles de Rome.

Beaucoup plus activement, sans doute, pour les additions ou mutations de noms qui se produisirent ici, chaque ville capitale avait un grand temple officiel : le temple de Rome et d'Auguste que remplaça plus tard la cathédrale. Ainsi, par exemple, dans la Province, d'organisation purement romaine, il y avait à Toulouse, l'Ordo de la cité de *Tolosa*, et pour les *Tolosates* (*qui dérive de Tolosa*) et non pas l'Ordo des Volces Tectosages, il y avait aussi dans la même ville le grand temple de *Tolosa* de Rome et d'Auguste, au nom de la ville et non à celui des anciens Volces, etc. Au contraire, il y avait à Auch même, l'Ordo de la cité, mais ce n'était pas l'Ordo d'*Eliberre* ou d'*Augusta*, mais bien l'Ordo des *Ausci*; il y avait aussi le grand temple mais ce n'était pas non plus celui d'*Eliberre* ou d'*Augusta*, quoique étant dans cette ville, mais encore le grand temple officiel et politique des *Ausci*. Enfin, le flamine, que remplaça plus tard l'évêque, n'était pas le flamine d'*Eliberre* ou d'*Augusta*, mais le flamine des *Ausci*, pour leur grand temple de Rome et d'Auguste. On voit ainsi, ou du moins on entrevoit bien, comment les villes capitales, ou de fait était la représentation des cités, en arrivèrent, dans les Trois Gaules seulement, à avoir le nom officiel et seul légal de leur cité ou peuple. Plus tard, par suite de la même influence du mode romain, les villes capitales retinrent encore ici, pour elles seules, ce terme de cité ; et les autres vieilles cités des Trois Gaules ne furent plus, selon ce mode

romain devenu alors universel, que des territoires ou populations dépendant de ces villes.
Cela n'eut pas d'exceptions bien que le, nom
nouveau des villes, s'il y eut partout de ces
noms nouveaux (1), ne se maintint pas dans
toutes. Il y eut ainsi dans notre province,
pour ne pas aller chercher des exemples
ailleurs, Aire, Oloron, Tarbes et peut-être
aussi Lescar, qui gardèrent leurs vieux noms
de ville. La mutation ou l'absorption du nom
de la cité, *Bigorra*, s'était pourtant longtemps manifestée à Tarbes, au moins, mais
elle ne tint pas à la fin, et le vrai nom de la
ville, *Tarba* (lequel évidemment n'avait pas
cessé, au moins populairement, d'être en
concurrence avec l'autre), reprit à jamais le
dessus (2). Dans la Province romaine, réor-

(1) Entre les villes cités qui n'eurent peut-être pas
ces noms de peuples on peut penser à Angoulème et à
Albi, cités constituées, il y a apparence, après la sup·
pression de fait ou de droit des anciennes cités territo-
riales. On pourrait aussi penser pouvoir y joindre dans
notre province *Boios* (devenue jusqu'à présent introu-
vable), Aire (qui avait déjà deux noms *Atura* ou *Atures*
— conforme au nom de l'Adour : *Atur* — et *Vico Julii*)
et Oloron (*Iluro*, qui est aussi le nom d'un dieu pyré-
néen). Mais c'est déjà plus douteux pour *Boios* que pour
Angoulême et Albi ; et pour Aire et Oloron, il se peut
que ces villes, comme Dax, Agen, Bordeaux, Besançon, etc., n'avaient pas retenu l'un ou l'autre des noms
des peuples qui constituèrent, *à la formation de la Novempopulana*, les cités dont ces villes furent les capitales.

(2) Les mêmes faits de lutte des noms anciens avec
les noms nouveaux, suivis du triomphe définitif des
noms anciens des villes, ont été constatés à Toul, Autun,
Thérouanne. On sait aussi que Limoges avait encore son
nom ancien, *Augustoredo*, en concurrence avec son nom
nouveau de peuple, *Lemovix*, au VIIe siècle. Ces exem-

ganisée avant les Trois Gaules,sous le régime despotique de la République, toutes les cités avaient été aussitôt (comme on a pu le comprendre déjà ci-dessus) des villes selon la mode italienne que nous avons définie. Voilà pourquoi il n'y eut plus là que des noms de villes, au lieu de ceux des anciennes cités ou peuples qui disparurent sans retour. On en a, avant nous, vainement cherché la raison qui est bien des plus claires.

6. — A ces choses de grande difficulté et de longs labeurs, c'est bien à notre contradicteur d'avancer que « la réponse est facile » ! et de prétendre, en sens contraire, qu' « on » est donc toujours fondé à dériver Sos de « Sotiates » ! ! C'est-à-dire, qu'une cité, selon sa thèse, qui n'existait pas sous l'organisation gallo-romaine des Trois Gaules, selon l'histoire, aurait néanmoins passé pour toujours son nom à sa capitale qui n'était plus ! Au moins, nous devait-il une raison, un exemple, un seul exemple découlant comme les autres des documents antiques. Au lieu de cela, il porte pour arguments ou pour preuves précisément les exceptions dont nous venons de parler, qui restreignent encore les cas sur lesquels il s'est basé, et l'ignorance où l'on se trouverait de la cause des changements de noms aux autres capitales. Et la chose se trouve fondée ainsi ! Que l'on veuille ignorer la cause, que l'on puisse même ignorer la marche tout-à-fait précise de cette cause, il n'est pas permis d'ignorer la limitation abso-

ples prouvent bien qu'il en fut partout à peu près de même et que c'est par les simples hasards de la fortune que, finalement, les villes demeurèrent avec les uns ou les autres de leurs noms lue des effets, et encore moins de dénaturer ces effets par des extensions fantaisistes et romanesques. Donc, Sos : Sotiates ou Sotiates : Sos les preuves initiales, les seules. les points de départ d'une foule de sentiments et de dissertations plus ou moins insensées — renforcées de majestueuses affirmations de livres d'histoire dans le commerce — n'étaient et ne sont que de simples bévues d'inattention et d'ignorance. Dans la Gaule autonome(qui en était encore à l'état primitif de l'organisation par tribus distinctes) l'impossibilité d'une ville engendrant une cité et lui passant son nom. n'a pas besoin d'être démontrée ; dans l'autre sens, celui de notre contradicteur — à louanger quand même de ne pas avoir pensé au premier — le nom des Sotiates n'a pu faire celui de Sos puisqu'il n'y eut pas là une capitale gallo-romaine. Et ces remarques ensevelissent du même coup l'accession mort-née de tous les Sos et Vic-de-Sos de France et de Navarre, y compris la Navarre espagnole où il y a, ou bien il y avait naguère, un Sos des plus authentiques (1). Ce nom, commun à plusieurs lieux habités, est d'une nature et d'un genre autres que celui des Sotiates (2),

(1) Un lieu dit Sos, qui nous avait encore échappé, se trouve, sur la carte de Cassini, entre Lectoure et Condom.

(2) *Sontiates*, pour *Soutiates* peut-être, est la leçon des manuscrits de César classés dans la première famille ; *Sotiates, Sociates* et *Sosiates* ne se trouvent que sur des manuscrits classés dans la seconde : **M. H. Meusel** dans son édition de César(parue à Berlin en 1894 et qui passe pour la meilleure de toutes)a adopté ici, avec bonnes raisons, une des leçons des manuscrits, de cette seconde famille, celle qui donne *Sotiates*. D'après la monnaie, la véritable forme était *Sotiotes*.

et il n'a avec celui-ci qu'un rapport éloigné et tout fortuit. — Nous ne savons pourtant pas si nous sommes enfin arrivé à nous faire comprendre ? Mais, que tout le monde les comprenne ou non, ce sont des faits historiques que nous avions exposés et que nous venons d'exposer de nouveau, sous une autre forme seulement. Ce n'est pas donc une partie de notre thèse, *qui aurait besoin d'être démontrée*. On peut essayer d'expliquer des faits, on peut les constater, mais on ne les démontre pas d'habitude.

7. — Ce que nous avions dit, subsidiairement, sur l'origine des vieux noms de lieu en général, qu'il ne faut jamais confondre dans leur principe avec ceux des cités ou peuples, est aussi sûr que ce qui précède, et est autant de doctrine courante chez tous ceux qui prirent la peine d'étudier sérieusement — et alors sans le système néfaste des étymologies — les documents anciens et modernes afférents à toutes les questions de nos antiquités nationales. Que notre contradicteur se récuse pour cette partie, par quoi il se donne en même temps un certificat d'aptitude pour les autres, c'est qu'il n'a pas voulu s'instruire. Nous avions fourni, pour cette partie justement, une suite très nombreuse de références, qui pourrait s'augmenter encore, où la chose se trouve indiquée directement et sûrement pour un grand nombre de cas, et indirectement, par analogies ou autrement, pour un très grand nombre d'autres. Seulement l'à-propos de cette digression ne tenait bien qu'à l'identité de Sos avec *Scittio* ou *Scotio*, de l'*Itinéraire de Bordeaux à Jérusalem*,

qui était erronée. Ce qui rend, non pas impossible, mais très incertain que le lieu de Sos ait porté ce nom de Sos dans l'antiquité. — Pour ce qui est de cette toponymie de l'Aquitaine, en général, de ses rapports ou répétitions, comme de ses origines — ce que notre contradicteur croit encore devoir critiquer — nous n'avons pas commis la faute de la confondre à tort, en partie considérable, avec celle du reste de la Gaule et même d'au delà de la Gaule Nos références portent, très amplement encore, qu'il y avait identité d'origine et identité de dénominations, en une proportion importante, dans l'Aquitaine et dans les pays celtiques, et sans variantes notables, qu'aurait dù apporter au moins, semble-t-il, la différence des langues. C'est qu'aucun côté des questions de l'antiquité, plus compliquées chez nous que partout ailleurs, ne supporte l'absence d'étude qui se manifeste à l'excès, dans une foule de prétendus ouvrages sur la matière.

8. — Au point de vue topographique, comme à tous les autres, dans notre rapprochement du lieu de Sos avec trois des villes célèbres de la Gaule qui furent assiégées par César, et dont le choix s'imposait comme types, nous ne voyons nullement avoir mal posé la question, comme le prétend notre contradicteur. C'est lui qui l'arrange à sa manière en arguant à côté, et sous des rubriques que l'on pourrait croire être de nous, de différences d'altitude qui ne signifient rien. Nous maintenons avoir très bien fait ressortir par des chiffres et par des plans dessinés géométrique-

ment : 1º La parfaite convenance et la grande
importance naturelle des endroits choisis par
les Gaulois pour y fonder leurs villes, toutes
destinées à être fortifiées ; 2º L'absence à un
degré acceptable de toutes ces conditions à
Sos. Le plateau naturel de ce lieu est en effet
cinq fois moindre que celui de Lectoure, déjà
quelque peu moindre lui-même que le plus
faible des trois autres, et d'une altitude plus
faible aussi qui va encore s'abaissant à Sos
presque de moitié ! Avec cela, si Sos avait
jamais été assiégé, on aurait bien pu s'y défendre, comme le dit notre contradicteur,
seulement il sort encore ici de la question !
Il oublie, comme quelqu'un qui voudrait se
sauver par la tangente, qu'il ne s'agit de rien
de pareil et que la ville des Sotiates ne pouvait avoir qu'un rapport très éloigné avec
« Saint-Bertrand-de-Comminges » au temps
du roi Gontran, avec « Miradoux, avec
Bitche » et avec Sos ; que ce n'était pas, en
un mot, un oppidum selon la définition gas-
conne.

9. — Que ne voyait-il, comme il y avait
lieu, certains détails des sièges d'*Avaricum*,
de *Gergovia* et d'*Uxellodunum*, ainsi que
tous les détails de la campagne d'Aquitaine.
Ils impliquent, ici, indubitablement, comme
nous l'avions dit, une ville importante avec
une population d'un chiffre élevé que permet
de fixer, plus ou moins approximativement,
comme nous l'avions fait, le nombre certainement considérable de ses défenseurs. Ceux-ci,
en effet, ne s'en tinrent pas à demeurer derrière leurs murailles mais allèrent à la ren-

contre des Romains (1), qu'ils attaquèrent, et combattirent longuement, avec une opiniâtreté longtemps égale à celle que ceux-ci leur opposèrent. Ce qui marque bien, d'après les explications qu'en donne César, que la victoire balança plusieurs fois de changer de côté, et comment elle était demeurée autrefois aux Sotiates, quand ils anéantirent presque l'armée du lieutenant L. Valerius Proeconinus (c'est bien là le vrai sens du texte à n'en pas douter) et qu'ils contraignirent à la fuite l'armée même du proconsul L. Manlius (Torquatus? le même peut-être qui avait été consul en l'an 65 avant J.-C.) et lui prirent ses bagages ! Après leur échec, au temps de Crassus « qui coûta la vie à un très grand nombre d'entre eux », ils purent néanmoins défendre encore leur ville, d'un très grand circuit de murailles nécessairement, avec une grande vigueur et par des sorties, comme si leurs pertes dans la grande bataille précédente n'avaient été de rien !

10. — Et, c'est même rapetisser la question et notre histoire que de le répéter, l'enceinte naturelle de Sos ne répond donc pas, même de loin, ni au vrai sens du mot *oppidum*, ni à l'ensemble ni aux détails des *Com*

(1) Les forces romaines conduites en Aquitaine par le lieutenant de César, n'étaient pas vraisemblablement de 12,000 hommes, comme nous l'avions supposé par excès de modération, elles montaient plutôt à 17,000, ou à 18,000 hommes. Il y a même à croire que nous sommes encore au-dessous du vrai chiffre puisque plus tard, pour son expédition dans l'Aquitaine, affaiblie et aux deux tiers soumise, César se fit suivre de deux légions ; c'est-à-dire d'environ 24,000 hommes.

mentaires, ni à nulle autre chose de sens
commun. Comme nous l'avions encore fait
remarquer, les Aquitains, qui rassemblèrent
bientôt cinquante mille hommes, et ce nombre allait s'augmentant tous les jours, ainsi
que le dit César, ne seraient pas restés auparavant inactifs en comptant sur un obstacle
pareil à Sos, dont la chute n'aurait pu « vive-
ment les effrayer » : *Commoti*, comme l'explique le texte. Mais, voilà bien au moins
notre contradicteur tiré encore une fois pour
sa thèse de l'embarras de savoir s'il lui faut
faire franchir à Sos les limites naturelles, dès
le temps de César, et parfaitement confirmé,
ce nous semble, dans son idée finale *que tout
porte à le croire* (!). Subsidiairement, à propos
des tours qui furent dressées devant la ville
des Sotiates, faisons remarquer, d'abord, que
nous ne parlâmes point de Sos, comme il nous
le prête ; ensuite, que si des tours pouvaient
être utiles et pratiques sur la coupure la plus
faible de ce petit plateau (qu'un archéologue
dit, *de visu*, être « trop profonde pour être
attribuée à la main de l'homme »), on ne
verrait plus bien les défenses ajoutées à la
nature par l'art (*manu*). Mais, et la facilité
de ces tours roulantes, et la nécessité, d'im-
menses travaux d'art deviennent incontes-
tables, si on va suffisamment au loin de cette
limite naturelle. Voilà donc Sos agrandi
nécessairement, si notre contradicteur pouvait avoir raison, et devenant une grande
forteresse. Mais combien singulière ?

11. — Le front est porté arbitrairement on
ne sait où, dans l'espace, mais toujours jusques sur le plateau du Nord ; sans quoi les

tours auraient été inutiles encore, vu la bizarre configuration des terrains ajoutés qui sont en contre-bas de ce plateau du Nord, dont ils forment une pente ! Du moins le cône tronqué sur lequel est bâti Sos, et dont tout le monde se contentait avant notre mémoire, avait en miniature une trompeuse apparence. Aussi, ces Sotiates de Sos, qui avaient tout près d'eux des plateaux plus élevés, très bien formés, et assez grands pour l'histoire qu'on leur a prêtée, et qui vous choisissent un emplacement qui ne répond plus que par sa moindre partie à la première et principale condition du texte (*natura loci et manu munitum*). Et encore, car cette partie et l'autre sont dominées au sud, à l'est et au nord par les plateaux dont nous venons de parler. Seul, le plateau de l'ouest n'arrive pas à dépasser les parties culminantes de l'ensemble nouveau, mais il les égale ! Ce qui fait que la ville forte — avec ses faibles reliefs, d'ailleurs amenés à zéro ou au-dessous de zéro est comme dans un trou ou peu s'en faut! Encore mieux, avec cette dépression naturelle intermédiaire, formant un étranglement qui ne laisse qu'une lisière étroite et longue, encore oblique et déformée par son creux assez fort, il n'y a plus la moindre bonne apparence, la moindre ressemblance ou analogie, non-seulement avec aucune ville gauloise, que l'on connaisse, mais encore avec nul bourg ou village bâtis sur les hauteurs. C'est une ville remarquablement bien assortie avec sa cité imaginaire.

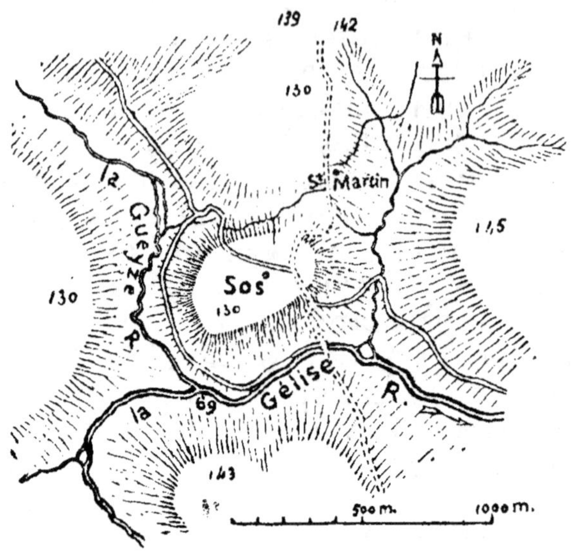

Le Plateau de Sos et ses environs (dressé d'après un plan des Ponts et Chaussées et d'après la Carte de l'Etat-major. Au Nord du plateau, il manque, ici, des hachures pour indiquer la partie en pente, allant du pied de la hauteur aux altitudes de 130, 139, 142 et 147 mètres).

12. — Très vainement notre contradicteur est allé chercher l'appui d'*Uxellodunum* : le Puy d'Issolu, ou plus exactement le « *Pech d'Usselou* »,qui était, comme il est encore aujourd'hui, un plateau naturel très élevé et isolé de toutes parts. Aussi n'avions-nous pas dit, comme le fait entendre la thèse qui nous a été opposée, que des tours furent dressées contre ses murailles, tout au contraire, suivant le VIIIe livre de la *Guerre des Gaules*, nous avions répété que la chose était impossible, avec quelque espèce d'ouvrage que ce fût. Le plan du Congrès d'Agen, présenté comme une preuve de rapports entre Sos et Uxellodunum (!), a été mal fait, ou plutôt il

a été mal lu comme tant d'autres choses.
Au Pech d'Usselou, il n'y a ni « trois dépres-
sions de terrain » ni aucune. On a sans doute
voulu joindre à ce grand plateau, où s'élevait
la ville, les hauteurs très secondaires de Pech
Demont et de Blanat, qui en sont profondément et largement séparées ; autrement
Uxellodunum aurait eu, sur presque un kilomètre de large, quatre kilomètres moins
deux cents mètres de long ! Il faut convenir
qu'aller chercher là, et même y trouver un
exemple pour Sos, agrandi ou non, a été
une idée bien peu heureuse. Aussi. pourquoi
interpréter si mal jusqu'à de simples documents graphiques ?

13. — Presque aussi malheureuse, par trop
grande absence de familiarité avec les documents antiques abordés sans hésitations
apparentes néanmoins, est l'idée de notre
contradicteur allant trouver à dix kilomètres
de Sos le vallon d'où, d'après lui, s'élancèrent
les « régiments Sotiates », « leur puissante
infanterie » qui se dressa « devant les vain-
queurs » ! Il n'y a pas là de vraisemblan-
ces historiques, comme on peut en juger
par les raisons qui suivent : Les batailles antiques étaient surtout meurtrières (d'après César
et d'après tous les autres historiens de l'antiquité) lorsque l'une des deux parties avait le mal-
heur de prendre la fuite. Aussi provoquer habilement, au moment opportun. la fuite des
adversaires faisait partie de la stratégie des
armées romaines, si atrocement sanguinaires.
C'est ainsi que César termine presque toujours le récit des nombreux combats qu'il
livra, par ces mots : « les ennemis prirent la

fuite, *on en tua un grand nombre* ». Il ne manque pas de s'exprimer de même au sujet de la bataille de Crassus avec les Sotiates, et, pour les Aquitains, il précise, en disant que leur fuite coûta la vie à près de trente-sept mille des leurs ! Et pourtant, ces malheureux, comme en général tous les autres, fuyaient sans doute dans toutes les directions ; tandis que les Sotiates s'enfuirent certainement en masse vers un seul point : leur ville. De la sorte, s'ils s'étaient trouvés à dix kilomètres de ce point, il n'en serait pas sans doute rentré un seul, et Crassus n'aurait guère pu trouver derrière leurs murailles que les vieillards, les femmes et les enfants.

14. — Il faut donc que la deuxième partie de la bataille (le texte de César [III, 21] l'indiquant d'ailleurs spécialement ici) ait eu lieu très près de la ville. Comme à Lectoure, dans le vallon que nous avions dessiné et décrit et où notre contradicteur, qui a vu dans notre mémoire tant de choses qui ne s'y trouvent point, n'a pas su voir « la moindre trace » de notre fameux et si curieux Grand Chemin qui s'y trouve très nettement marqué et détaillé, avec le titre de « Chemin Gaulois » pour éviter toute équivoque. Il existe encore en nature en travers de ce dit vallon (1) et il touche au si remarquable « Champ de

(1) Des coteaux se trouvent sur la rive gauche du Gers, en face du grand bout de notre vallon. Très profond déjà ce vallon l'était autrefois davantage à l'endroit où passe le chemin. On peut estimer que les bords et le lit du Gers et les bords et le lit du ruisseau Saint-Jourdain se sont élevés de trois ou quatre mètres, au moins, depuis le temps de César.

bataille » ! Le vallon était dénommé au moyen-âge et encore au commencement de ce siècle « Vallon de la bataille ou des batailles », si nous traduisons en français, comme nos pères avaient sans aucun doute traduit en gascon — répliquons-nous à notre contradicteur — s'il y a là, comme tout porte à le croire, la tradition de la bataille que nous a décrite César. Ici, disons qu'il n'y eut point deux batailles, mais une seule, divisée en deux parties par la stratégie des Sotiates. Il n'y a qu'à relire pour le comprendre le récit embarrassé de César, ou plutôt celui de Crassus, qui avait commis une faute en se laissant entraîner en désordre devant l'embuscade : avec son infanterie aussi bien qu'avec sa cavalerie. Sans qu'il y ait à exagérer l'importance de choses secondaires, nous n'hésitons pas à croire que ce fut vers les points marqués « Camp de César » et « César » sur nos plans que se déroula la première partie de l'action. Il y a immédiatement au-dessus ou attenant un long et large plateau (dont la « Plaine de la Salasse ») s'étendant des deux côtés du chemin ; et l'endroit est convenablement rapproché du véritable champ de bataille, séparé lui-même de la pointe de la ville par mille mètres seulement. Si, comme le dit notre contradicteur (après nous), on trouve des « Camp de César » un peu partout, il n'en est pas de même de lieux dits « César ». — Dans l'autre sens, l'état des lieux qui force notre contradicteur à chercher encore à dix kilomètres de son second point, c'est-à-dire à vingt kilomètres de Sos, un endroit « plainier » pour une première bataille, ne fait qu'outrer de plus en

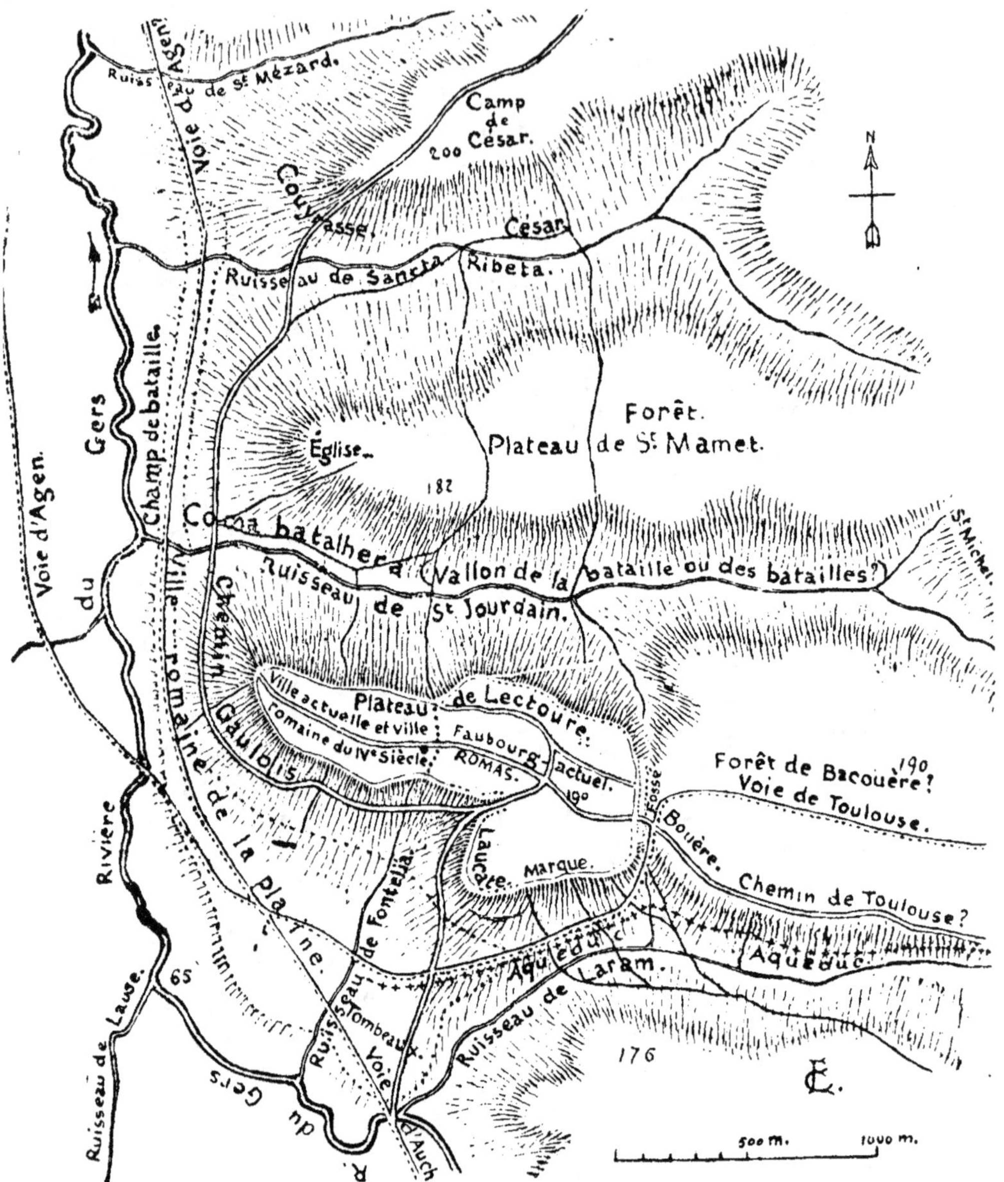

Le plateau de Lectoure et ses environs (dressé d'après l'état des lieux, le plan cadastral, la carte de l'État-major et les anciens documents aux Archives municipales de Lectoure. Il manque à ce plan les indications des voies romaines sur Bordeaux, sur Eauze et Aire, sur Lyon).

plus toutes les fautes et toutes les invraisem-
blances de ses interprétations et de ses déter-
minations. Enfin, quand il arrive (p. 279) à
trouver dans ces deux prétendues batailles,
unies seulement par une poursuite de dix kilomètres « à bride abattue » (!), *l'évidence* que
l'Oppidum était bien à Sos, dont l'emplacement écarté explique l'intervalle des deux
actions et la longueur de la route restant à
faire ensuite, il nous étonne et nous ne pouvons insister. — Pour les ossements trouvés
au dit point marqué sur nos plans « Champ
de bataille » et la tradition d'une bataille en
cet endroit, ce n'est pas nous qui avons été
chercher ces renseignements. Ils sont venus
à nous ; et il faut avouer que leur rencontre,
au bout d'un vallon aussi bien disposé et
dénommé autrefois comme le nôtre, est assez
concordante. Quant aux armes que réclame
notre contradicteur, et dont l'absence lui
paraît « fort étrange », on ne nous en parla
point, pas plus qu'il ne nous a parlé des
siennes. Pour nous montrer moins exigeant
et plus convenablement confiant que lui, faisons remarquer qu'il ne faut pas confondre
les ensevelissements après une telle bataille
avec des inhumations ordinaires de guerriers,
ensevelis cérémonieusement avec leurs armes, et que certainement les Romains qui,
ici, les enlevèrent avec tant de soin aux
vivants n'eurent pas la naïveté de les laisser
aux morts

16. — Et encore qui sait tout ce qu'il y a
dans cette plaine passablement grande de
Lectoure, formée par la vallée du Gers, où
l'on trouve tous les jours tant d'antiquités.

Jusques dans notre vallon où furent des constructions romaines, sur le chemin, parallèle au dit ruisseau Saint-Jourdain, allant au point marqué « St-Michel » sur notre plan. Là, à Saint-Michel. est une fontaine antique renommée et fréquentée encore, et immédiatement au-dessus sont les substructions, avec débris antiques de toute sorte, d'une agglomération importante s'étendant jusqu'à une autre source du ruisseau (1). De ces sources ou fontaines dont la convenance « donnait naissance à des bourgs ou à des villes *et créait des dieux nouveaux* », comme le dit Pline à propos des nombreuses fontaines bienfaisantes des Pyrénées. Il y a tant de choses instructives chez ces auteurs de l'antiquité, que l'on ignore généralement, même dans une masse d'écrits prétendant nous les expliquer, et qui les obscurcissent de plus en plus tous les jours. De manière, par exemple, que s'il fallait s'en rapporter à eux, les Grecs et les Romains, qui excellaient en tant de choses, n'auraient été que les pires ignorants dans la Géographie, qui précisément — et cela se comprend bien — était une de leurs plus grandes préoccupations politiques.

17. — Les environs de Lectoure ont d'autres fontaines antiques plus monumentales que

(2) Cette agglomération, au Nord-Est de Lectoure s'étendait peut-être encore jusqu'à une troisième fontaine, située au Nord des deux autres, où nous avons vu nous-même, roulant sur le chemin, un gros bloc de marbre blanc antique couvert de grafitti. Il y a une quatrième fontaine au-dessus et à quelques pas de celle de Saint-Michel ; on y trouva des monnaies romaines lors de l'agrandissement, tout récent, de son bassin.

celles dont nous venons de parler, et les agglomérations, les villas et les sanctuaires païens abondaient comme ces fontaines sur tout le territoire qui constituait l'ancienne cité. Aussi y reconnaît-on encore — malgré des fléaux modernes — mieux que sur aucun des autres de l'ancienne province, la justesse (à quelques détails de poésie près, et encore) de ce qu'en a dit Salvien et dont de notre temps, pour notre vieille cité même, le fameux *Poème des Saisons* par Dastros n'a été en quelque sorte qu'une saisissante paraphrase : « Personne ne doute, dit Salvien, que la contrée occupée par les Aquitains et les Novempopulaniens ne soit comme la moëlle de la Gaule entière, comme une mamelle d'une inépuisable fécondité et non seulement de fécondité, mais ce qu'on préfère parfois à la fécondité même, de beauté, d'agrément et de délices. Toute cette contrée est, en effet, tellement entrecoupée de vignobles, fleurie de près, parsemée de champs cultivés, plantée d'arbres à fruit, délicieusement ombragée de bosquets, arrosée de fontaines, sillonnée de rivières, chevelue de moissons, que ses possesseurs semblent avoir obtenu en partage une image du Paradis plutôt qu'une partie de la Gaule » : Il fallait bien opposer notre région à celle de notre contradicteur, qui a eu la malheureuse idée de se servir, sans penser que sa cause était par cela seul irrémédiablement perdue, d'un vieux cliché nous représentant les villes gauloises comme des refuges de sauvages dissimulés dans des déserts affreux et à peu près sans communications. « Les Gaulois, nos pères, n'avaient pas de chemins » disent certains livres fort répan-

dus. Et César, au contraire, nous parle de la
beauté (*pulcherrimam*) de certaines de ces
villes et maintes fois des routes qui desser-
vaient la Gaule, et de nombreux ponts qui y
étaient déjà jetés sur des fleuves et sur de
grandes rivières ! Et encore César, et bien
d'autres nous disent, au superflu, que de tout
temps les plus forts se sont placés aux meilleurs endroits. Mais il nous reste à voir
beaucoup plus prosaïquement que nos fontaines et nos campagnes, les commentaires
de notre contradicteur sur quelques autres
des textes antiques que nous avions mis à
contribution et qu'il a attaqués avec la même
autorité que tout le reste.

III

1. — Ce n'est pas à l'an 105 mais vers l'an 98
de notre ère qu'une inscription, trouvée dans
les vieux remparts d'Aquilée, fait remonter
la mention qu'elle porte..... *procuratori pro-
vinciarum Luguduniensis. Aquitanicae,
item Lactorae....* Par ces termes mêmes on
voit, sans contestations possibles, que Lectoure était la capitale d'une province ou sous-
province, de même nom, opposée à la Lyonnaise et à l'Aquitaine, à l'Aquitaine celtique
ajoutée à la nôtre par Auguste s'entend. Cela
ne peut raisonnablement être mis en doute
par aucun savant, et il n'y a que notre contradicteur pour s'y opposer C'est un acte
officiel antique, transcrivant, en l'an 105. sur
le marbre le *cursus honorum* d'un grand
fonctionnaire de l'Empire Romain, d'après

certainement les diplômes impériaux qu'il avait obtenus. Pour contester diversement son titre à Lectoure, notre contradicteur s'appuie sur trois définitions de notre fait, prêtées fautivement en partie à MM. L. Renier, Mommsen et Hirschfeld, définitions qu'il montre du reste ne pas comprendre. Que les savants dont il invoque les explications, contradictoires pense-t-il, aient dit « circonscription financière », « origine de la province qui fut plus tard la Novempopulanie », « district », tout cela sous-entend absolument que Lectoure qui dénommait la chose à l'instar de Narbonne et de Lyon, était la capitale ! La seule nuance apportée par la « circonscription financière », qui sent E. Desjardins d'une lieue, en ferait seulement une capitale financière, ce qui serait plus favorable encore à notre thèse, s'il en était besoin.

Mais, n'en soyons pas trop ému. C'était tout simplement, pour nous, une capitale ordinaire d'une province non extraordinaire. Seulement, comme ce n'est pas le moment ni l'endroit ici d'essayer la démonstration de ces points, nous sommes dans l'obligation de suivre la doctrine courante (fondée par Desjardins), et de nous en tenir, provisoirement, à la capitale d'une des deux divisions de l'Aquitaine d'Auguste, au point de vue financier et à quelques autres. On a en effet la preuve encore que la grande Aquitaine d'Auguste était divisée, au point de vue du recrutement par la Garonne, sans doute, comme au temps de César ; et cela par un monument qui se date du principat d'Antonin le Pieux, et indique peut-être celui d'Hadrien, au plus tard, en ce qui nous touche. Il faut y joindre la conjecture de M. Mommsen, que « dès l'époque de Trajan, l'Aquitaine primitive n'envoyait plus des députés au grand autel de Rome et d'Auguste des Trois Gaules à Lyon, et se faisait représenter à un autel provincial particulier, élevé à Lectoure ». C'est-à-dire, au moins, l'autonomie provinciale — ou nationale plutôt — rendue aux vieux Aquitains, en ce qu'il y avait de plus haut sans incompatibilité avec la domination romaine. Et M. Mommsen a pu tirer du monument d'Aquilée et d'une synthèse de ses grandes connaissances ce que nous venons de rapporter, sans avoir même à penser à un autre monument antique qui, non seulement le confirme, mais le rend indubitable dans son essence.

2. — Du fait que Lectoure était la capitale non-seulement d'une cité, sans aucun doute, mais encore d'une province, ou d'une des deux divisions d'une grande province politique (vers l'an 98 au plus tard), nous n'avions pas entendu ni pu entendre ni dit que cela à lui seul prouvait que cette ville fût celle des Sotiates. C'est donc à tort que notre contradicteur le prétend, et qu'il le définit par « conclusions forcées » tout en se taisant profondément sur l'induction capitale et décisive a elle seule qui se tire et que nous avions tirée de ce fait et de quelques autres tout aussi sûrs et concluants: Nous voulons parler de la contradiction, impossible à admettre par le moindre érudit doué de quelque sens, dans une suite de documents authentiques et tous officiels — même, et principalement, ceux qu'a transcrits Pline — dont les uns donneraient dans

l'Aquitaine — qui n'était qu'un petit pays en somme — une cité et une ville célèbres ; introuvables sur les autres qui nous parleraient au contraire d'une autre ville célèbre capitale de cité et de province, cité et ville *absolument* inconnues aux premiers ; qui sont l'un complet quant à la moitie Nord du pays, au moins, l'autre complet entièrement : du Nord au Sud et de l'Est à l'Ouest, sans aucun doute. Et la *conclusion forcée* — les termes sont justes cette fois — celle que nul aussi ignorant ou aussi savant qu'il puisse être, ne viendra détruire. pour tant d'encre qu'il veuille répandre, était et est toujours qu'il y avait identité et que ce n'était que la même cité et la même ville ; la cité apparaissant seulement par l'une ou l'autre partie d'un double nom, selon les temps et les divers auteurs. Ce que vient fort naturellement confirmer une exception, que nous allons bientôt revoir, où le nom ethnique se trouve au complet par l'une et par l'autre de ses deux parties !

3. — C'est donc mille fois en vain que notre fécond et pourtant gravement incomplet contradicteur a pris la peine de se contredire lui-même, comme sans s'en douter, en faisant remarquer que l'an 105 après J.-C., est bien loin de l'an 56 avant J.-C. pour prouver quoi que ce soit en faveur de Lectoure, selon l'objet de la thèse : *Que c'était visiblement forcer outre mesure les textes ;* tandis qu'il ne croit pas les forcer lui, ni rien outrer, en faisant remarquer. ensuite, que des faits postérieurs à la domination romaine, qui ne sont au reste nullement sûrs, et sont sans aucune

espèce d'importance et de signification, dans tous les cas, prouvent dans le même sens contre Lectoure et en faveur de Sos !

4. — Et pour aller jusqu'au bout de cette partie, comme il le dit lui-même, c'est-à-dire pour examiner toujours la thèse qui nous a été opposée, à son triple point de vue, nous ajouterons que des documents sûrs, des documents de premier ordre, sans aucune complaisance pour les idées inquiètes de notre contradicteur, indiquent d'une manière peu équivoque, en sens inverse de ses développements et surtout de ses conclusions toujours sans fondements, que Lectoure fut la capitale de notre province ou sous province au moins durant toute l'époque des Antonins. Ainsi, au *minimum*, pendant cette deuxième et dernière période de la grandeur de l'Empire romain, après laquelle il n'y eut qu'une décadence de plus en plus profonde.

5. — Pomponius Mela (que fait intervenir notre contradicteur), si on s'en rapporte à tous ses biographes, aurait vécu au commencement de l'ère chrétienne ou aurait écrit vers l'an 43, sous Claude : « un peu avant 105 » comme le dit bien notre contradicteur selon son système particulier où peu est beaucoup pour des intervalles plus longs que celui-ci, il est vrai, mais redevient peu pour des intervalles dépassant de plusieurs siècles tous les autres ! Au temps où aurait écrit Pomponius Mela, et un peu avant assurément, Lectoure n'était pas, selon notre doctrine personnelle, la capitale de l'Aquitaine sans doute, par la raison que cette province

avait été unie à une partie de la Celtique, plus grande du double, presque du triple, et renfermant des cités d'une importance extrêmement plus considérable qu'aucune de celles de la vieille Aquitaine.

Bourges — pas Bordeaux — devait être alors la métropole, le siège du gouverneur et de son tribunal; quoique cela paraisse excessif au point de vue des habitants de nos vallées pyrénéennes, par exemple, si éloignées de Bourges. Mais rien de tout cela ne résulte du texte de Pomponius Mela, qui en est toujours à la période antérieure et qui ne donne que six peuples, trois villes et un port pour la totalité des Trois Gaules; et, ce, encore incidemment pour trois de ces peuples et pour le port : Tout ce qu'il savait sans doute et ainsi, pour lui, tout ce qu'il y avait de plus célèbre (?) Il était amplement informé au contraire, et il le prouve, pour la Narbonnaise (l'ancienne Province Romaine) et pour l'Espagne, par exemple ; et au sujet de notre port il dit que c'était tout ce qu'il y avait de plus connu sur la côte de l'Océan ! « *Nec portu, quem Gesoriacum vocant, quidquam notius habet.* » Ainsi ce qu'il dit des *Ausci* est surtout intéressant et juste, pour notre temps du moins, par le nom de la ville : *Eliumberrum,* confirmé, bien qu'avec des variantes et une erreur sur l'initiale, par les Itinéraires Romains (*Eliberre, Climberrum*). Du nom d'*Augusta,* que porta aussi cette ville et qui lui venait d'Auguste, ii n'en est point parlé et le document dont Pomponius Mela s'était servi pour les *Ausci* et pour leur ville, comme assez probablement ceux que mit en œuvre beaucoup plus tard Ammien

Marcellin (et qui paraissent tout aussi étran-
ges : aux temps et aux moments), remontait
peut-être à cent ans et plus avant J.-C. Dans
aucun cas, le texte de Pomponius Mela ne
peut être oppposé dans la question qui nous
occupe à celui de Jules César, et encore
moins aux textes épigraphiques.

6. — Ce n'est que sous une forme toute du-
bitative que nous remontions au-delà de
l'an 98 pour l'état officiel prépondérant de
Lectoure selon les textes. Mais si, sous Galba
(au plus tôt), Lectoure fut la capitale de notre
province ou sous province, établie sans doute
dans les limites du temps de César, on ne
peut raisonnablement nier que cette ville en
avàit par avance les aptitudes, et par excel-
lence. Sans quoi, sous ce prince ou sous Nerva
ou sous Trajan (au plus tard), on aurait
choisi, il est à croire, une ville plus centrale.
Autrement, le texte de Strabon, que nous
avions invoqué dubitativement, ne peut être
entendu, dans aucun cas, comme nous l'avions
fait. Ce qui n'a pas empêché un auteur, au
moins, de nous emprunter cela comme argent
comptant et de le mettre en œuvre, sans nous
nommer, suivant ainsi, il est vrai, une pratique très ancienne. Pour le document plus
ou moins légendaire dont nous avions parlé
aussi, nous le retenons toujours au fond, mais
sans vouloir ni sans avoir besoin au reste
d'en argumenter : on peut admettre dans
une tradition des transpositions de temps et
de personnes, mais difficilement l'invention
de toutes pièces de faits inattendus qui se
trouvent avoir été la vérité ou partie essen-
tielle de la vérité. Encore l'adoption de la

doctrine courante, dont nous avons parlé ci-dessus, remettrait-elle cela en place, dans les termes que nous employâmes ; et en place aussi tout ce qui en résulte, dubitativement, de l'état prépondérant officiel de Lectoure : capitale de la vieille province rétablie à un titre quelconque dès le temps d'Auguste ? Au reste, ce que nous croyons être parfaitement sûr, à part nous, n'est pas exclusif de l'autre opinion en tout et pour tout. Il se peut fort bien que ce que l'on croit avoir commencé seulement sous Nerva (?) ou sous Galba (?) et s'être perpétué jusqu'à Dioclétien (ce dernier point est surtout, d'après nous, c'est-à-dire d'après les documents, insoutenable de toutes manières), était déjà sous Auguste. Et la séparation complète de la province à tous les titres, selon nous, aurait pu commencer seulement sous l'un ou l'autre des deux empereurs Galba ou Nerva, soit même peut-être sous Domitien ou seulement sous Trajan. Si nous avons cru, ici, devoir raisonner en conscience par *le moins*, plutôt que par *le plus*, on ne pourra judicieusement nous reprocher de l'exagération. Aussi est-il vrai que le fond de notre thèse ne peut souffrir d'aucune doctrine réellement scientifique, pour tant qu'elle puisse amoindrir, à tort ou à raison, le sens des textes.

7. — En ce qui touche la monnaie des Sotiates, au nom de leur roi Adiétuan, trouvée à Lectoure, nous n'avions pas dit que ce fait prouvât quoi que ce soit en notre faveur, comme nous le prête notre contradicteur, beaucoup trop abondant dans ses inexactitudes au sujet de notre travail. A peine pourions-

nous le prétendre pour une nouvelle pièce, à variantes inédites, qui a été trouvée depuis, toujours à Lectoure, et qui ressemble assez à une pièce d'essai ! — A ce qui suit, chez lui, l'annulation toute gratuite de notre première pièce, et qu'il a répété deux ou trois fois sous une forme ou sous une autre. « On sait aussi » que le peuple de Lectoure est toujours dé- » signé dans les inscriptions et partout (?) » sous le nom unique de *Lactorates* », nous répondons qu'on ne le sait pas « aussi », pré- cisément par la raison que nulle inscription ne donne seulement pas *Lactorates*, mais de simples abrégés (ce qui n'était de règle pour les noms propres qu'alors qu'ils étaient extrê- mement connus). Abrégés qui rendent même déjà *Lactorates* qu'escompte notre con- tradicteur assez douteux, car dans un cas, au moins, on n'aurait évité que les deux der- nières lettres de cette leçon, qui ne se trouve en réalité ni partout ni nulle part, dans le sens qu'il entend ! A quoi toujours déçu, il pourrait répondre, comme au sujet des Nitio- briges et de leur roi Ollovicon, et qui n'était pas roi (et peu importe) d'après les textes, qu'à la vérité tous les historiens, et non plus seulement la plupart d'entre eux, avaient regardé ce point comme acquis : par interpré- tation trop courte.

8. — Bien certainement d'après les monu- ments et d'après toutes notions légitimes et critiques qui se puissent suivre, le peuple dont Lectoure a tiré son nom : *Lactora*, et dont l'ethnique est abrégé sur des inscrip- tions des IIe et IIIe siècles — les seules où il se trouve — en *Lactorat.*, *Lactor.*, *Lact.*,

avait un nom double, comme les Vasa(tae)-Vocates ou Basa(tae)-Bocates : *Basabocates*, chez Pline ; *Vocates*, seulement, chez César. De même que Bazas, l'ancienne *Cossio*, ne fut pas appelé *Vocata* ni *Basabocata*, mais seulement *Vasatas* ou *Vasates*, soit : *Basatas* ou *Basates*, Lectoure fut appelée *Lactora*, tout court (« *Lectora* » a été rêvé par notre contradicteur, s'il ne l'a pas emprunté encore à E. Desjardins qui dit aussi «*Lactora* ou *Lectora*» dans un de ses livres !). Dans notre cas comme dans l'autre, exactement, les désignations ethniques les plus anciennes, *Vocates*, *Sotiates*, furent négligées et tombèrent dans l'oubli, sans aucun doute (1). Et ces choses se trouvent ainsi parce qu'elles ne sauraient se trouver dans aucun sens contraire à nos conclusions qui sont absolument justes. — Aux derniers temps, lorsque nos villes capitales étaient devenues des cités, selon le mode universel

(1) Les mêmes faits d'un double nom, employé seulement en l'une ou l'autre de ses deux parties par des auteurs différents, paraissent s'être produits pour les *Arvii* ou *Arubii*, de Potlémée, qui ne peuvent absolument pas se mettre de côté (comme ont voulu le faire de nos jours de mauvais critiques). Leur autre nom était celui de *Curiosolites*, très probablement, comme l'a pensé de Valois (p. 167). Leur ville, *Vagoritum*, ne devint pas *Arva* ou *Aruba* mais c'est Corseult, où abondent les antiquités et qui vient de *Curiosolites* sans doute (les inscriptions donnent *Coriosolites*), qui la représenterait aujourd'hui. Jusqu'à plus ample informé, toutes autres explications des *Arvii* manquent de critique, ou sont systématiques et arbitraires comme celle de d'Anville. Il ne faut pas confondre ces doubles noms avec ceux des peuples ayant nom et surnom, comme les Bituriges, les Volces et autres.

de l'Empire, et que les anciennes cités au droit gaulois ancien n'existaient plus, ce fut le nom propre originel (gaulois ou encore romain ou d'expression latine) de ces villes ou bien leur nouveau nom, tiré de celui de l'ancienne cité comme nous avons vu, qui donnèrent l'ethnique de l'ensemble des populations nouvelles, de la ville, des bourgs et de la campagne, selon la dernière modification antique des limites des territoires rattachés aux villes. D'où pour nous sur la *Notice des Provinces et des Cités de la Gaule* (ou *Noticia Galliarum*) : *civitas Lactoratium*, analogue à *civitas Elusatium, civitas Convenarum*, etc., et, dans l'autre cas, *civitas Aquensium*, et non pas *Tarbellorum ; civitas Agennensium*, et non pas *Nitiobrigum*, etc. Nous avions très bien indiqué ces choses dans notre travail précédent. Elles sont absolues.

9. — Pour ce qui est de Basabocates (que porte, entre autres, le plus ancien manuscrit de Pline) changé en Basaboiates (d'après un manuscrit plus jeune de deux siècles), pour pouvoir y trouver les Boiates ou Boates, dont la cité n'apparaît d'une manière certaine qu'aux derniers temps de la domination romaine (et qui ne fut, que l'on puisse dire, qu'un dédoublement tardif et temporaire de la cité des Bituriges Vivisci ; sans parenté onomastique avec le *Buch*), notre contradicteur pense que sa thèse ne saurait en souffrir ! Nous ne pouvons qu'être de son avis, parce qu'elle ne peut tenir et ne tient ainsi pas debout sur aucun point. Autrement elle serait anéantie, tout comme la nôtre, par l'interpré-

tation nouvelle. Les passages afférents de César et de plusieurs autres en sont tous rendus caducs ; ils ne sont plus que de pures divagations, supprimant toute raison d'être et toute base à n'importe quelle dissertation sur la campagne d'Aquitaine ! Simplement, ceux qui ont pensé à ces correction et interprétation des documents ou les ont adoptées ou envisagées avec complaisance, qu'ils soient français ou allemands, n'ont pas mieux étudié César et nombre d'autres, pour ces points, que notre inattentif contradicteur pour ceux-là et pour tous. La bonne remarque qu'il avait faite pourtant ici, par exception extraordinaire, se trouve encore annulée par sa sujétion passive à la doctrine qui la détruit comme tout le reste.

10. — Il n'a pas même lu notre mémoire, qu'il voulait combattre, mieux que César, Strabon ou Pline ou les autres. C'est ainsi qu'il nous fait donner à Pline, et qu'il croit être de Pline, la mention des *Psauscii*, que nous avions comme de juste attribuée bien clairement à Strabon, leur vrai et seul légitime éditeur. Seulement nous devons dire aujourd'hui que ce n'est pas dans trois des manuscrits de ce géographe, mais dans tous, sans exception et sans variante, que se trouve la leçon *Psauscii* (sous sa forme grecque bien entendu). Et elle est pour un peuple à position excentrique. vers le Nord-Est de notre province d'Aquitaine, « ayant un territoire excellent ». Comme celui de Lectoure qui était dans la même position ! Pour la forme du mot, tout le monde peut comprendre qu'ici « c'est le son qui fait la chanson », et que les

variantes d'orthographe ne signifient rien pour des noms propres recueillis par divers auteurs de l'antiquité, « écrivant dans leur langue ces noms qui leur étaient dictés dans une autre. » Au surplus, voir notre dissertation précédente, où la chose est donnée et expliquée d'une manière trop hésitante seulement, et où nous n'avons pas assez insisté sur la médiocrité de la critique du premier éditeur moderne de Strabon changeant ici la leçon de tous les manuscrits : ce qui, comme à l'ordinaire, est devenu un cliché pour tous les autres. Ceux-ci, pas mieux que le premier, ne se sont aperçus qu'ils prêtaient ainsi tout gratuitement à Strabon, leur propre insuffisance, en laissant sa description incomplète et point juste. tout en le faisant revenir deux fois, coup sur coup, à la même chose ! Nous n'exagérons rien : Les *Psauscii*, avec leur territoire exceptionnellement bon, n'étaient (d'après Strabon), ni dans la région des Landes ni dans celle des Pyrénées, inclus les *Convenae*, ni dans celle du centre du reste de l'Aquitaine ; et nos éditeurs n'ont rien trouvé de mieux que de falsifier le texte afin de pouvoir placer ce territoire excellent dans ce centre de l'Aquitaine, qui venait d'être noté, et passé, par le géographe, comme étant de qualité moyenne !! En cela l'œuvre de ces éditeurs, comme celle d'une infinité de commentateurs sur presque tous les points de la géographie ou de la topographie antique, est ce que l'on peut définir : façonner les documents d'après ses idées, au lieu de tâcher d'arranger ses idées d'après les documents. Encore sous le bénéfice, ordinaire, de changer en galimatias des choses fort nettes, le plus souvent.

11. — Et non seulement pour ce point, mais pour tous les autres nous renvoyons à notre précédent mémoire. En comparant on pourrait bien, seulement alors, juger de quelle manière excessive il a été affadi, nivelé et faussé par notre extraordinaire contradicteur, qui est allé jusqu'à vouloir nous rendre ridicule en brouillant nos raisons, ou en les supprimant, ou en nous en prêtant qui ne sont pas de nous, et enfin en défigurant les textes! Tout cela, comme dans une espèce de joute littéraire, sans à propos, véritablement ridicule dans l'espèce, et pis que ridicule en ne possédant, entre les autres défauts, aucun des éléments de son sujet. Ainsi, sur la Table de Peutinger, la partie la plus ancienne, qui se date avec toute vraisemblance — comme on en est d'accord — d'une douzaine d'années avant J.-C. (1), ne porte point « le mot *Lactorates* suivi de celui-ci : » *Auci* » et, par suite, nous n'en avons point « formé le double nom *Lactorates-Auci* » comme le dit faussement notre trop peu véridique ou trop gravement inexact contradicteur : Le monument ne donne, sans équivoque, comme nous l'avions dit et montré par un dessin revisé avec soin à Vienne (sur l'original), que *lactoratesauci.*, en un seul mot, que nous avions décomposé en *Lactorate-Sauci*; et, ainsi, d'une manière tout aussi légitime et tout aussi juste que l'on dé-

(1) Le recueil des matériaux pour cette partie de la Table de Peutinger, en ce qui touche les Trois Gaules, dut être commencé par Agrippa vers l'an 40 avant J.-C. : Comme l'on sait, le monument original (le prototype) passe, avec toute raison il y a apparence, pour avoir été la fameuse carte du monde, peinte sous le portique d'Octavie.

compose celui qui suit sur la carte, *volce-tectosi.*, en *Volce-Tectosi* ; celui-ci pour Volcae Tectosages, comme l'autre est très évidemment, et sans qu'il soit permis de rien y objecter, pour Lactoratae Sauciates.

12. — Le fait de *lactoratesauci.*, sur la Table de Peutinger, que nous avions seulement voulu dégager avec des remarques qui sont inutiles, est absolu, tout comme celui de *volcetectosi.*, et il est absolument concluant pour tous ceux qui ont la moindre idée de l'économie des documents antiques, en général, et de ceux qui nous concernent, en particulier. La rencontre de deux des grandes lettres du nom de la province, [AQV] ITANIA, qui coupent l'un et l'autre de ces deux mots composés, ne fait rien à la chose. Cela est si clair qu'il était même inutile de faire remarquer que le premier, terminé par un point, est entièrement à l'encre rouge, et que le second, aussi terminé par un point, est entièrement à l'encre noire : le rouge et le noir se partageant, alternativement, les vieux noms de peuples conservés sur la Table de Peutinger, pour mieux les distinguer les uns des autres. Le plus attardé des paléographes, le dernier des lecteurs des anciennes cartes, jusqu'à celles de nos deux ou trois derniers siècles inclusivement, ne sauraient s'y tromper. Si tous les éditeurs modernes de cette carte célèbre, devenue *table* de par le latin employé par les premiers de ces éditeurs, s'y sont abominablement trompés au contraire, nous n'en sommes pas responsable. C'est ce fait, qui n'est pas plus à leur louange que celui qui a altéré Strabon, comme nous le disions

tout à l'heure, n'est à la louange de ceux qui l'ont opéré, qui nous avait trompé nous même, encore par notre confiance à autrui ; et d'autant mieux qu'ici la faute était trop grossière pour pouvoir penser, *à priori*, qu'elle avait pu se commettre et se perpétuer. Aussi, comme nous le disions, il ne nous fallut pas moins que toutes les déductions de notre long travail, qui aboutissaient à l'existence de quelque chose de semblable à notre très triomphale et incontestablement bonne lecture de la Table de Peutinger, pour nous faire aviser d'y regarder de plus près : D'où les termes dont nous nous servîmes et non point ce que nous a prêté encore notre trop mal à propos obligeant contradicteur, en lisant cette fois dans notre pensée ! Plus lui eût valu de lire

Les *Lactoratae Sauciates* sur la Table de Peutinger.

Les *Volcae Tectosages* sur la Table de Peutinger.

un peu mieux notre mémoire ou, au moins,
de s'enquérir par ailleurs de ce que paraissait
être en réalité la Table de Peutinger ; il se serait dispensé ainsi peut-être, entre les autres
fautes typiques, de demander *où donc se
trouvent les Ausci dans cette carte ?* Et il
n'aurait pas eu à nous faire répondre par lui-
même à cette question, ineffable dans son
genre, qui serait en même temps une objection que nous aurions prévue (!!), par ces termes qu'il invente et qu'il nous attribue,
même en soulignant, « que *probablement* les
» *Ausci* ont été oubliés » !! Ajoutons qu'aucune de nos expressions, toutes simplement
consciencieuses et de bonne foi, n'eut a prévoir la moindre objection ; nos conclusions,
au reste, n'en pouvant soulever aucune qui
soit raisonnable. Les *Ausci*, qu'on est allé
lourdement chercher dans la fraction.....
auci de notre glorieux ethnique, manquent
absolument sur la Table de Peutinger, avec
les trois quarts, environ, des autres peuples
de la Gaule entière. Sans choix, ni préférence, leurs noms furent effacés lors du tracé
des routes, sans doute, qui constitua un deuxième état de ce monument antique. Ce deuxième état (plus exactement le troisième ou
même le quatrième) est seul arrivé jusqu'à
nous.

13. — Notre contradicteur s'est enfin efforcé,
et non sans quelque véhémence, de rapetisser l'évêché de Lectoure, assez réduit déjà
aux derniers temps de son existence. Cela
n'est bien en esprit que pour rehausser un
autre évêché, le sien, qui n'a jamais été ; et
il est réellement pénible de suivre notre con-

tradicteur s'indignant qu'on ait voulu placer le Peuple Sotiate sur un aussi petit évêché que celui de Lectoure, lorsque lui le place dans un si grand pays qu'il n'y eut pas d'évêché du tout. Autrement, les évêchés réels furent certainement établis selon les limites du dernier état antique du territoire des cités. Mais, ici ou là, ils ne représentèrent bientôt plus, et d'une manière croissante jusqu'à nos temps modernes, l'état de ces cités qui avait été déjà trois ou quatre fois différent, ici, durant la domination romaine. Il n'y a pas à s'attarder directement de nouveau sur l'opinion de ceux qui ont prétendu que c'est à partir de l'invasion des Barbares, qu'il y aurait eu au contraire une stabilité absolue, sauf pourtant des exceptions, dont nul ne connait la vraie nature ni le nombre, malheureusement pour cette doctrine singulière (1).

(1) Dans notre précédent mémoire nous avons indiqué tout ce que nous savions des modifications profondes subies par nos évêchés après la chute de la domination romaine. Malgré notre répugnance à revenir sur ce point beaucoup trop écarté de notre question, notons ici ce qui semble avoir occasionné les plus importantes : Celles qui modifièrent si fort les limites naturelles de l'ancienne Aquitaine ; dont les habitants avaient une « vieille gloire militaire » (comme en témoigne César), et non pas sans doute parce qu'ils se seraient autrefois laissé rogner ainsi. Pendant les troubles qui se perpétuèrent durant de longs siècles à partir de la fin de la *Paix Romaine*, la position excentrique, sur ou près des limites de leurs anciennes cités, de villes comme Toulouse, Agen, Bordeaux, même Bazas, dut amener les populations les plus voisines de ces villes et les plus éloignées en même temps de leurs vraies capitales, à regarder et à prendre ces villes comme leurs vrais centres naturels. D'où par suite, sans doute, le gros de ces fameuses limites, tirées de celles des évêchés au XVIIIᵉ siècle (!), qui échancrent notre vieille province et même une partie de la Celtique : sur de fort belles cartes qui n'ont que le défaut d'être en contradiction absolue avec les documents antiques qu'elles

Dans la Novempopulana, le territoire de Lectoure s'étendait, sans aucun doute qu'on soit autorisé à émettre, des limites des *Ausci* (que l'on peut croire avoir été assez près de Lectoure, mais sans certitude) à la Garonne et à la Baïse, sur tout le cours inférieur de ce deuxième cours d'eau. D'où, assez probablement, la Lomagne, dont nous avions parlé,

prétendent illustrer. Les anciens sont en effet unanimes pour donner la Garonne comme limite de l'Aquitaine, et même les Itinéraires Romains, quoique bornés par la nature des choses, s'accordent au moins pour placer encore Toulouse (dont les empiètements furent les plus considérables depuis) sur les limites de l'ancienne *Gallia Braccata* (devenue la Province) et de l'ancienne Aquitaine. La seule exception réelle à cette règle, qui est la vraie et non l'autre, vient tout confirmer puisque Strabon (IV, II, 1) nous apprend que *seuls les Bituriges Vivisci* étaient étrangers parmi les Aquitains. Pour l'autre exception vers les sources de la Garonne, elle était relativement récente et elle avait quelque chose de particulier dont l'examen nous entraînerait ici beaucoup trop loin. Les raisons que nous présentons des bouleversements post-antiques de nos frontières sont frappantes, si l'on examine les cartes modernes générales des évêchés dans cette région. Nos grands critiques, au contraire, n'ont même pas pris garde que si les anciens ne devaient pas être crus sur ces points, qui sont au reste si bien de sens commun, ils ne pourraient l'être davantage sur aucun autre.

Dans le détail de notre évêché diminué encore paroisse par paroisse, nous avions cité la commanderie d'Abrin prise par l'évêché de Condom, entre les XV° et XVI° siècles, à l'évêché de Lectoure. Auparavant on peut y joindre l'abbaye de Bouillas, fondée au XII° siècle sous les auspices de l'évêque de Lectoure et qui ne paraît plus ensuite que comme étant dans l'archevêché d'Auch. Enfin des documents même incomplets prouvent que du XVI° au XVII° siècle l'évêché de Lectoure avait été dépouillé encore de cinq ou six paroisses, dont le chef-lieu d'un archiprêtré !

Longtemps avant, aux commencements de la féodalité et plus ou moins longtemps après, l'évêché de Lectoure devait comprendre encore tout ce qui apparaît dans les vieux documents sous le nom de *Lomagne* (*le grand ??*) et cet évêché devait ainsi s'étendre depuis une partie du cours inférieur

et qui ne se bornait pas à Condom seul,
d'après les documents que nous avions cités
et d'après d'autres que nous pourrions citer
encore. Mais, au temps de César, avant les
transformations d'Auguste et avant, par conséquent, la formation, toute romaine aussi
mais plus récente, de la Novempopulana n'y
avait-il aucune des vingt-quatre cités (1) de

de la Baïse jusqu'à la Garonne à l'Est, et jusqu'à tout le
cours inférieur de la Gimone (rive gauche) ; où il y a Beau-
mont-de-Lomagne (dont le surnom est significatif),Larazet,
Labourgade, Lafite (seigneurie des évêques de Lectoure au
XIII⁰ siècle?) qui touche presque à la Garonne. Aussi l'on
trouve qu'en 1314, le vicomte de Lomagne fit dresser à
Beaumont un acte de transaction au sujet du Fimarcon. En
d'autres termes *Lomagne* était synonyme de *évêché de Lectoure*. Comme le prouve, contrairement à tous les rappro-
chements de notre contradicteur, la note inédite suivante
tirée, avant la Révolution, des archives de l'ancien prieuré
de Madiran..... *Hœc donatio ecclesiœ de Seniuri facta fuit
Embesia ex stente episcopo de Lomaio* (le plus grand ? ?),
*et Odone, vel Audo, existente domino de Lomaio et del
Fiomarcon, Alemanno del Moret existente priore Madirani.*
Cette note, si intéressante à plusieurs titres, coupe court
à toutes les explications plus ou moins fantaisistes qu'on
n'a pas manqué de faire sur une partie de son contenu
(l'ensemble laissé inédit néanmoins !) et à celles de même
genre qu'on serait tenté de faire encore : L'évêque
Embesia, pour *en Besian* n'est autre que *Vivian*, évêque
de Lectoure. *circa* 1130 et 1148 (Oïhénart); et le seigneur
est *Odon*, vicomte de Lomagne, de 1137 à 1178 (Anselme).
L'annaliste du prieuré de Madiran en notant le *Fiomarcon* a voulu expliquer sans doute que ce territoire
faisait encore partie intégrante de la Lomagne, au
XII⁰ siècle ; comme le montrait déjà, en 1082, la charte de
Saint-Victor de Marseille (que nous avions citée) en expli-
quant que le Fimarcon était en Lomagne.

(1) A notre compte, il n'y avait que vingt-quatre ou
vingt-cinq cités dans l'Aquitaine au temps César. Avant
certaines de nos observations privées, qui ont été utilisées
sans nous nommer, on en comptait vingt-huit ou vingt-neuf,
au lieu de vingt-sept. Anciennemment les éditeurs de Pline

l'Aquitaine de ce temps là, entre le territoire de Lectoure et la Garonne? Nous croyons être ajourd'hui à peu près sûr qu'il y en avait au moins une au Nord, et une autre à l'Est, bien suffisantes pour répondre, le cas échéant, à ces agrandissements certains qui rapetissent l'ancienne cité de Lectoure, d'après notre contradicteur. Du moins, s'il se souvient et qu'il veuille maintenir ce qu'il a dit pour lui, et qu'il a été chercher jusqu'à Villeneuve-sur-Lot (ce dont nous ne le blâmons pas, car il y a là raisons de sens commun), de l'Aquitaine s'étendant dans le Nord jusqu'à la Garonne, et qu'il ne veuille l'oublier ou le supprimer pour nous? Son dernier paragraphe ne laisse pas de doutes, il oublie et il supprime tout. Ainsi, d'après lui, l'état de l'évêché de Lectoure durant nos deux derniers siècles marque le *maximum* de l'étendue de la cité à l'époque romaine, après des agrandissements considérables qui réduisent la cité primitive à rien ou à presque rien! Ce qui est aussi fantastique que l'irréductibilité dans sa grandeur de cette autre cité que son imagination a créée dans les Landes et dans le Condomois, et qui, pour comble — à quoi il n'avait qu'à penser — exclut la nôtre de tous les anciens documents. qui en parlent, et la plonge entièrement dans le néant de la sienne.

en faisaient compter trente ou trente-une ! Ce sont ces vingt-quatre ou vingt-cinq cités que les *Commentaires de César* définissent expressément, à deux reprises, par *nationes, civitates* qui sont synonymes. C'est ce que nous avions à tort entendu être des *pagi*, « de simples *pagi* », dans notre précédent mémoire, nous en rapportant à un érudit sérieux mais dérouté ici par la complication des documents.

14. - Dans notre sens de simple chercheur, nous ne pouvons donc même plus croire à un front large ou même étroit du territoire primitif de Lectoure, à l'Est, sur la rive gauche de la Garonne, en face de la Province Romaine qui commençait de ce côté sur la rive droite du fleuve (1). Sans doute, le véritable sens du texte de César n'y est pas opposé quand il introduit Crassus en Aquitaine, ensuite, particulièrement, sur le territoire des Sotiates. Mais, en revanche, des documents antiques où nous croyons voir, depuis nombre d'années, la quasi certitude qu'il y avait au moins une cité, mais sans ville notable, au Nord de celle de Lectoure et une autre cité du même genre à l'Est, il ne résulte point que le territoire de cette cité de Lectoure, ne s'étendait pas déjà jusqu'à la Baïse qui, au contraire, était fort problablement ce *fines Vocatium et Tarusatium* dont nous parle César (d'après certainement le rapport officiel de Crassus) et qui serait assez extraordinaire, en ces termes (2), s'il fallait l'entendre dans

(1) De ce même côté et plus ou moins près de la Garonne, qui, là, séparait les Romains des Aquitains, devait être le camp où séjourna l'armée romaine de Crassus, à mesure de son organisation. Le fleuve était guéable, sur des points ou sur d'autres, dans toute cette moitié supérieure de son cours (Pomponius Mela, III, 2). Aussi, c'est par un gué du Mas-de-Verdun, ou Mas-Grenier (qui se trouve dans cette région), que passa, en l'année 1472, l'armée française qui venait, précisément, assiéger Lectoure (de Mandrot, *Louis XI, Jean V d'Armagnac et le drame de Lectoure*).

(2) Pourtant ces mêmes termes de *fines Vocatium et Tarusatium* peuvent avoir encore un autre sens, mais sans plus étant donnée l'extrême précision de César : Le contexte contre-indiquant d'ailleurs toute opération particulière ou spéciale aussi bien chez les Vocates que chez les Tarusates, ils peuvent être pour la région commune séparant les

un autre sens. Aussi, cette limite est-elle corroborée par le fait absolument certain, que nous avons déjà noté, de la Baïse séparant encore au moins deux cités en un temps moyen de notre province gallo-romaine, cités qui ne pouvaient être alors que celle de Lectoure et celle de Bazas.

15.—En venant à Lectoure, et de cette ville se dirigeant vers les Vocates et les Tarusates, qui étaient le plus probablement — ces derniers — dans le Marsan, le Gabardan et à la suite où est Sos, Crassus marchait toujours parallèlement à la Garonne et non bien loin de ce fleuve. N'en déplaise à M. Mommsen, c'était encore, tout bien considéré et surtout par le fait de la réussite finale au lieu des précédents désastres, la meilleure des tacti-

deux peuples. Cette région était, très probablement, sur la ligne de partage des eaux du bassin de la Garonne et du bassin de l'Adour, où il y a, allant vers le Nord-Ouest, une vaste plaine de landes de bruyère C'est là, du reste, que demeurèrent, naturellement, les limites de l'évêché de Bazas et de l'évêché d'Aire ; ce dernier ayant profité sans aucun doute de l'ancien domaine des Tarusates, par succession de la civitas Aturensium, *l'une des neuf de la Novempopulana.* Dans l'un comme dans l'autre sens, c'est dans cette région, sur cette *marche*, vers Lubbon, beaucoup plus vraisemblablement que partout ailleurs (certainement pourrait-on dire), que Crassus, en observation et conformément au programme qui lui avait été tracé encore facilement en communication avec l'Est d'où lui venaient certainement les vivres, attendit les Aquitains. Ceux-ci, après avoir établi leur camp à la mode romaine, furent vaincus comme l'on sait et presque tous tués dans leur fuite, à travers une plaine entièrement découverte *(apertissimis campis)* qui ne se retrouve nulle part ailleurs, réunissant toutes les conditions les plus parfaites, que là où nous disons. Près de Lubbon ont été signalées des antiquités et assez près, au Sud-Ouest, passa — à 11 kilomètres de Sos, sur le point le moins éloigné — la voie de Bordeaux à Jérusalem.

ques ; et Crassus ne serait pas mort si jeune si, plus tard, son père et lui eussent aussi bien manœuvré contre les Parthes. L'Aquitaine avait bien une tête, amplement connue et reconnue, au moral, au physique et au figuré, et placée à un bout comme toutes les têtes ; mais elle n'avait pas de cœur au physique ou au figuré comme l'entendait l'éminent historien, sans y avoir réfléchi sans aucun doute. Au reste, il est juste de dire que la lettre particulière où se trouve cet oubli de sa part n'était pas destinée à la publication ; autrement,il a tenu à déclarer lui-même qu'il se serait exprimé en d'autres termes. Aussi peut-être notre critique est-elle outrée et injuste, ici, car au fond la remarque de M. Mommsen ne visait — et très bien alors — que l'invraisemblance d'une marche vers Aire, en venant du côté de Bazas.

16. — Nous croyons inutile d'insister et de relever longuement encore de grandes ou de petites. choses chez notre contradicteur direct ; comme l'interprétation du latin de César aux mots *ex itinere* et à quelques-autres, rélégués dans une note, où il revoit, même en ne les entendant pas, sa fameuse ligne droite, une « preuve nouvelle que Crassus suivit la ligne droite et ne se détourna » pas vers la Province » ! Si nous relevons, en finissant, ce nom à un rang quelconque d'un évêque de Lectoure au Concile de *Garnomo Castro* (en 673, époque mérovingienne), c'est que ce dernier argument est bien une pièce justificative de ce que nous disions plus haut, que notre contradicteur a argumenté d'un intervalle de cent cinquante ans contre la

signification d'un fait exceptionnellement important et qu'il donne au contraire comme caractéristiques et concluants des faits remarquablement insignifiants, séparés du temps en question par des intervalles de six ou sept siècles! Et, comme pour rendre la chose parfaite, il ajoute ici « (quand l'organi- » sation romaine des cités était encore en » vigueur) » et il écrit plus loin qu'un « texte » très ancien et sans réplique » (en quoi il se trompe encore, comme nous le montrerions, s'il en valait la peine) « qui se date de » l'an 665 où de l'an 675 » prouve « que les » pays de la rive gauche de la Garonne, » étaient compris, dès l'époque mérovingienne, » dans le diocèse d'Agen » ! : Tantôt la vieille Aquitaine touche à la Garonne, au Nord, pour notre contradicteur, tantôt elle n'y touche pas! — Il faut pourtant dire quelque chose du chapitre VI, qui termine la thèse : Ce chapitre ne s'y rattache vraiment que par un *pagus Sossiensis*, qui s'affirme en se répétant, et qui en a bien besoin car il est partout ailleurs inédit. Pour le vrai sujet, nous ne devons pas insister davantage sur les fameuses mines de cuivre, parce que la digression de César, à cet égard, ne vise pas précisément le territoire des Sotiates, mais l'Aquitaine en général.

Nous n'avons pas non plus, on le comprendra, à conclure ici, chacun de nos paragraphes indiquant ou portant en lui-même sa conclusion. En récapitulant, nous ne pourrions. par le fait même, que paraître douter et de la vérité et de l'intelligence de nos lecteurs. A bien vouloir le lire, la vérité résultait déjà assez clairement de notre précédent mémoire, malgré certains défauts, qui ne tiennent pas au fond, du reste, et qui n'ont été relevés, partiellement encore, que par nous. Aussi, à quelques mots près, nous n'avons pas voulu joindre ici, comme nous aurions pu le faire, plus de matières topiques, étant bien inutile de chercher à prouver surabondamment ce qui l'est déjà très suffisamment, pensons nous.

Reste bien seulement toujours l'amour-propre du sentiment paternel par erreur, dont nous avons parlé en commençant. Nous sommes bien déterminé maintenant à ne plus vouloir en contrarier les manifestations chez personne.

(Août 1895).

Post-Scriptum. — Notre manuscrit était terminé lorsque notre honorable contradicteur a fait paraitre un appendice (1). Cet appendice avait été annoncé, mais il ne devait être produit que s'il y avait lieu (?). Ce complément précipité, contre toute attente de notre part, nous oblige de déroger pour quelques instants aux derniers mots de notre réponse ci-dessus ; cette réponse n'est pas du reste une plaidoirie visant à l'effet, mais, en bonne partie, un petit exposé de la critique, du soin et du savoir qui se manifestent sans cesse dans une foule d'ouvrages, dont celui de notre contradicteur peut servir d'exemple et de type. Nous allons donc voir — le plus brièvement possible — cet appendice qui attaque toujours notre premier mémoire et qui triompherait certainement, dans son esprit, en prenant pour invincibles les plus malheu-

(1) *Revue de Gascogne,* septembre, octobre 1895.

reuses et les plus caractéristiques erreurs qui le remplissent encore, alors qu'il devait nous prouver que Sos, durant la domination Romaine et après, n'avait cessé « de jouer un certain rôle » !

D'abord, débutons par un défaut de précision de la part de notre contradicteur, qui en a pris l'habitude. Ce n'est pas dans neuf pages, comme il le donne à entendre, que nous avions voulu montrer que ce rôle avait été à peu près nul pendant cette domination Romaine, et immédiatement après; mais dans la valeur d'une seule page, tout au plus. Encore étions-nous dans l'erreur, comme on a pu le voir plus haut, et ce rôle, si même il a jamais été tenu de quelque manière sous les Romains, a été bien moindre encore que nous le pensions.

Les différences de traitement aux villes assiégées dans la Celtique et en Aquitaine, pendant la Guerre des Gaules, comme les relève notre contradicteur, de même que la romanisation de la monnaie nationale des Sotiates, expliquent bien (quoique tombant à faux pour Gergovie au moins) comment Lectoure demeura moralement à la tête de l'ancienne Aquitaine et y arriva ensuite de fait. Et elles ne prouvent absolument rien pour Sos, dont aucun texte ne parle et qui n'existait même peut-être pas en ces temps là (ce qui ne serait pas le moins curieux de cette histoire)! Les « maisons élégantes dont les » innombrables vestiges se relèvent un peu » partout à Sos et dans les jardins voisins », en quoi tout consiste en réalité dans l'appendice, ne prouvent pas le contraire. Ce ne sont que des mots *élégants* sans aucun appui

matériel ou scientifique. A défaut de statues,
de colonnes, de chapiteaux, de placages, de

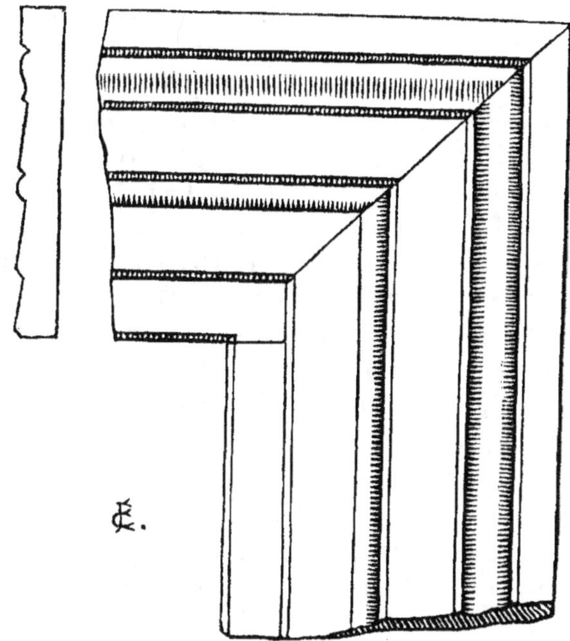

Fragment de l'un des placages de marbre qui se trouvent
à Lectoure, en très grande quantité. Réduit à un dixième.

grandes moulures de marbres antiques, etc.,
il faudrait au moins de ces objets qui se trou·
vent par milliers ailleurs, et dont la description — qui ne peut bien se contrefaire — suffit pour édifier les savants de tous les pays.
Il n'y a pas même une suite quelconque à
ces monnaies Gauloises qui semblaient nous
promettre une ample moisson de ces monnaies Romaines, que l'on trouve par bois-
seaux, même aux endroits qui n'ont été que
de petits centres gallo-romains. Les villas des
environs de Sos ne prouvent rien non plus.
Il y en avait de fort belles loin des centres, et

il ne faut pas les confondre avec ces maisons
de plaisance qui entourent aujourd'hui certaines de nos villes. Autrement, ces villas des
environs de Sos, d'après notre contradicteur,
n'ont rien d'exagéré assurément avec leurs débris qui peuvent se relever « à pleines mains »,
et on nous dispensera d'y opposer tout ce qui
se trouve par masses énormes dans une infinité de lieux, plus riants il est vrai, habités par les Gallo-Romains.

Le malencontreux piédestal inscrit, qui a
amené notre contradicteur à surpasser toutes
les hérésies déjà excessives de son mémoire,
prouve encore moins le rôle de Sos à l'époque
Romaine. Trouvé scié à moitié ou aux trois
quarts (c'est-à-dire réduit régulièrement à
une moitié ou à un quart) et en œuvre dans
la vieille église de Sos, où il servait de seuil à
une porte, il indique sans doute, comme nous
l'avions déjà dit plus haut, qu'il fut pris, tout
simplement, aux ruines d'*Elusa* (écartées de
22 ou de 23 kilomètres seulement) pour servir
à faire des placages de marbre, comme il
était encore d'usage pour les églises à l'époque Barbare. On sait que d'autres marbres
inscrits furent dispersés, en ces temps là
sans doute, pour les mêmes fins. Comme nous
nous l'imaginions avant de l'avoir vu, ce
monument permettait à peine de supposer,
comme nous l'avions fait, que le flamine des
Elusates, dont il y est parlé, et qui avait été
d'abord questeur, ensuite duumvir, avait mé-
rité de l'*Ordo Elusatium*, sa statue dressée
à son lieu de naissance qui aurait été Sos :
village ou bourg à prendre alors pour avoir
fait partie des dépendances de la cité des
Elusates. Ce qui ne s'accordait pas du reste

avec des documents du moyen-âge (1084, *Gallia*; 1104, *Larcher*) qui prouvent, qu'avant 1104, le Gabardan, où l'on comprend Sos (Walckenaër), faisait partie de l'évêché d'Aire et non pas, comme depuis, de celui d'Auch ou autrefois de celui d'Eauze. De ce côté, les limites de l'ancienne cité d'Aire, formée sans doute au moyen de deux au moins des cités primitives (dont les Tarusates), étaient demeurées probablement intactes jusqu'alors. Notre contradicteur, n'ayant pas attendu le bon conseil que nous lui donnions plus haut, a interprété le texte de la manière suivante :

« L'inscription qui nous rappelle cette an-
» nexion aux Elusates (elle n'en dit pas, bien
» entendu, le moindre mot), nous montre
» aussi l'un des duumvirs de la cité d'Eauze,
» prêtre en même temps du temple de Rome
» et d'Auguste (!!) qui existait dans la même
» cité. D'après ce monument et les circons-
» tances de sa découverte, dans le sol de la
» vieille église romane de Sos démolie de nos
» jours, il y a lieu de penser que ce prêtre-
» duumvir (!!) résidait à Sos (!!) auprès du
» temple dont nous avons parlé et que celui-ci
» se dressait sur l'emplacement même de
» l'église de Sos (!!!) Il est d'ailleurs inutile
» de dire que les duumvirs étaient deux ma-
» gistrats exerçant les fonctions suprêmes
» dans les cités romaines, à l'instar des deux
» consuls qui gouvernaient ou, sous l'Em-
» pire, étaient encore censés gouverner Rome
» et le monde. Ainsi, avec son temple et son
» duumvir (!!), la ville de Sos se révèle à
» nous durant la période romaine comme
» ayant eu dans la cité élusate, dont elle
» faisait partie, une importance particu-

» lière » !!! La situation d'*Elusa*, capitale de la cité et qui arriva à être métropole de la Novempopulana après Lectoure et après Dax aussi peut-être, n'aurait pas été moins *particulière* et, sauf la définition des duumvirs qui en augmente le relief, jamais personne n'a vu écrites des choses pareilles.

Dans les *innombrables vestiges d'élégantes maisons*, et dans cette épave de la magnificence d'*Elusa* et de la munificence des décurions de sa cité, était toute la matière de l'appendice, selon son programme ; et notre contradicteur aurait pu en rester là au lieu de donner des suites à sa trop malheureuse interprétation de ce dernier monument. Par exemple, il résulte, comme l'on sait, de l'ensemble des documents que les empereurs, dans leur politique, cherchèrent à agrandir l'Aquitaine et à agrandir les cités de ce pays (plus ou moins selon les temps), en les unissant ou les laissant unies les unes aux autres. En d'autres termes, en formant un petit nombre de cités nouvelles au moyen,chacune, d'un plus ou moins grand nombre de cités anciennes. Au contraire, notre contradicteur portant déjà la peine de la sienne, qu'il fonda si aisément, est obligé de la dépécer, avec la même autorité, ce qui l'a entraîné à dépécer la province elle-même. Et cela contre ses propres déductions précédentes qui reconnaissaient assez bien une stabilité relative des cités de cette province, après la conquête ! Ainsi de ses Sotiates il ne reste à la Novempopulana que le *pagus Sossiensis* (3e édition), qui seul fut rattaché, d'abord aux Vasates, ensuite aux Elusates (prétend notre contradicteur) ; tandis que les autres *pagi* de sa cité, aussi imaginaires que le premier et tous aussi imaginaires que cette cité elle-même, furent pris par les Nitiobriges : « à l'époque romaine » « il n'est pas douteux » !! Qu'en avaient-ils donc besoin sous la politique romaine, eux qui occupaient déjà si bien une grande étendue de l'un des plus beaux pays du monde et qui avaient été taxés, sans doute en conséquence, à fournir cinq mille hommes pour la délivrance d'Alise ; alors que plusieurs autres cités celtiques, plus fortes qu'aucune de celles de la Novempopulana, n'avaient éte taxées qu'à trois mille hommes seulement ? Ce ne fut certainement pas le prix de la trahison à la patrie gauloise dont on les a si légèrement et si vilainement chargés de nos jours, bien que leur histoire témoignât énergiquement en sens contraire (cf. *B. G.* VII, 7, 31, 46, 75).

Encore quelle continuation de parfaites recherches, études et interprétations des documents par notre contradicteur pendant de longues années : *Pour nous arranger* (nous ont rapporté des personnes très dignes de foi) et pour arranger si mal toutes choses. Comme, 1° Au sujet de la révolte des Aquitains que réprima Messalla, en 28 avant J.-C., de ne pas se contenter de la localisation de Tibulle, témoin oculaire, dans la région de l'Adour, vue des Pyrénées Tarbelliques ; et d'y transporter « l'Océan » (« les rivages de l'Océan Santonique » du poète historien) pour mieux reculer du Nord de l'Aquitaine et mettre à son extrême Sud-Ouest les effets de la répression de cette révolte ! ! 2° D'ignorer un fait qui put contredire à cette stabilité et tranquillité du Nord (longtemps avant que notre contradicteur y contredise lui-même, comme nous venons de le voir) : Les documents indiquent,en effet, une grande victoire d'Agrippa, sur les Aquitains révoltés, qui fit événement à Rome même, dix ans avant l'an 28. 3° D'oublier ou d'ignorer encore l'expédition même de César, en l'an 5I, qui ne fut pas bornée, il s'en faut, à une simple parade militaire. 4° De s'appuyer, pour donner aux Vasates son fantastique *pagus Sossiensis*. sur quatre grandes régions naturelles dans l'Aquitaine, lorsque jamais il n'y eut de visibles dans ce pays que trois de ces régions naturelles, extrê.nement bien marquées par exception. 5° De placer là, en les vieillissant plus qu'il ne faut, quatre seulement des cités de l'organisation d'Auguste. alors qu'il y en eut six, d'une sûreté et d'une rigueur mathématiques : cinq, strictement, pour les « vingt-sept qui existaient » auparavant » (pour nous en tenir aux termes de notre contradicteur), dont, naturellement, historiquement et logiquement celle de Lectoure qu'il donne tout gratuitement et démesurément aux *Auscii* ou aux *Vasatii* sans même y penser ! (1). 6° De dire, s'en réfé

(1) Lectoure, l'*oppidum Sotiatum* de César, inscrite cette fois sous son véritable nom propre primitif, *Tasta*. que négligea de transmettre à César le jeune Crassus. Nous n'en avions pas voulu parler pour ne pas entrer dans la suite des preuves de surcroît pour notre thèse jugées inutiles. Encore maintenant nous nous bornerons à donner. dans un appendice final, quelques nouveaux détails topographiques et archéologiques sur cette ville, sans insister sur sa cité augustale qui est avec les autres, nous le répétons seulement, d'une sûreté et d'une rigueur mathématiques ; bien que personne encore ne l'ait démontré de cette façon quasi absolue, comme cela doit et peut facilement se faire. Accessoirement, quelles que soient les nombreuses erreurs d'orthographe dans Ptolémée, notamment sur l'ethnique de notre peuple. *Datii* (*Dacii* dans la version latine), pour *Sotii* ou *Saucii* sans doute, il n'y a pas lieu que l'on puisse savoir de prendre le nom de la ville, *Tasta*, comme

rant à Ptolémée, entre autres, que « néan-
» moins les anciennes populations (les autres
» cités) ne cessèrent pas d'être connues sous
» leur nom particulier » quand c'est précisément Ptolémée qui les exclut en ne nommant,
ici, que les cinq ou six que nous venons de
noter. Ce qui prouve encore que notre contradicteur venait de parler d'après ce géographe,
sans le savoir !

Suivent dans l'appendice des choses tout
aussi étonnantes. Pour la suite des démonstrations de notre contradicteur, Sos était une
véritable ville, une véritable cité « *urbs,
civitas* » d'après une légende de saint écrite
au Xe siècle (?) par un auteur « sagace maniant
» habilement la critique historique » !!Qu'est
auprès de ce « véritable savant » notre carme,
du siècle de Louis XIV seulement (encore
changé en capucin par notre implacable contradicteur), auteur d'une simple notice historique ordinaire , ne s'accordant en quelque
sorte sur le point en question qu'avec des
textes épigraphiques antiques ! Alors que le
vrai savant — le « moine » du Xe siècle? —
s'accorde assez avec les brillantes doctrines de
notre contradicteur, et tout à fait avec une
relation des Cartulaires d'Auch, dont les auteurs avaient, évidemment (comme nous l'a-
vions défini), les mêmes grandes idées que
lui ? Sans quoi ils n'auraient pas aussi outra-
geusement contredit la *Notice des Provinces*

altéré aussi par ce géographe ou par ses copistes. Le même
mot se trouve encore en Gascogne appliqué à des lieux dits :
Aux environs de Nérac, de Riscle (XVe sièle), d'Eauze, de
la Sauvetat-de-Gaure, de Lannepax, de Roques et Lagardère et autres lieux. C'est certainement de ces lieux dits,
situés sur des hauteurs (surtout dans le Béarn, nous a-t-on
assuré), que sont venus les noms de famille Taste et
Lataste, répandus dans le pays.

et des Cités de la Gaule, qui passe pourtant pour avoir été suivie par l'Eglise.

Elle l'a été assez, en effet, dans la pratique et c'est pourquoi sans doute, sans compter les impossibilités matérielles et morales,cette très spéciale cité de Sos n'eut pas d'évêque, Qu'à cela ne tienne : Sos eut peut-être, pour notre contradicteur, « un chorévêque » « un évêque secondaire » à l'époque Romaine ! « Il » n'est d'ailleurs pas douteux qu'il existait » alors dans les cités des prélats secondaires, » revêtus du caractère épiscopal, etc. ». Or « dans les actes du concile d'Aquilée » « en » 381, est mentionné à côté de Saint-Just, » métropolitain de Lyon, un prélat ainsi dé- » signé : *Constantius episcopus Sciscia-* » *nensis, legatus Gallorum* ». « *Sciscia-* » *nensis* ne serait-il pas une fausse lecture » pour *Sotianensis*, ou un dérivé direct du » mot *Sittio* forme du nom de Sos dans l'Iti- » néraire de Jérusalem › ! Malheureusement mais naturellement, ce nom de *Sciscianensis*, qui « ne répond de près ni de loin à aucune » cité épiscopale des Gaules » selon notre contradicteur, est, très apparemment, une simple mauvaise copie de *Suessionensis* (l'évêché de Soissons). Si notre contradicteur n'a pas été sur ce point mieux inspiré que Dom Chamard, qu'il cite comme auteur d'une identification aussi mauvaise et aussi inac- ceptable que la sienne, du moins aurait-il dû se dispenser de joindre à cette déformation du nom d'un évêché éloigné celle de *Scittio* ou *Scotio* en *Sittio* frappant précisément la partie la plus caractéristique et la plus cer- taine de ce nom local, *Sc...*, qui est identique sur les deux seuls manuscrits que l'on possède l'*Itinéraire de Bordeaux à Jérusalem.*

Bien au contraire, comme s'il en avait fait la gageure, il ajoute une nouvelle altération à tant d'autres, et celle-ci porte sur la *Cosmographie de l'Anonyme de Ravenne*, célébre par la grande quantité de noms qui s'y trouvent déjà extrèmement défigurés ! Certaines éditions de cette cosmographie donnent *Vostianum*, les meilleures (dont celles de A. Jacobs, pour la Gaule, et de Pinder et Parthey) *Vestianum*, comme une des douze cités de l'ancienne Novempopulana, d'après le Ravennate ; et notre contradicteur imagine *Votianum* à sa place, pour le changer bientôt en *Sotianum*. Leçon *évidente* (d'après lui) qui vient justement, dit-il, autoriser la forme *Sotianensis* déjà proposée « pour un des évêques signataires du concile « d'Aquilée » !! Au reste, disons en passant que si *Votianum* manquait à notre contradicteur, *Vostianum* et *Vestianum* sont fautifs chez les éditeurs. Les manuscrits de l'Anonyme par leur extrême altération même, donnent assez clairement *Lavestianum* (*aguis lavestianum* au lieu de *Aguisla*, *Vestianum*) : pour *Lascuranum* ou *Beneharnum* sans doute. Aussi l'identité avec Lescar ou *Beneharnum* (qui ne faisaient qu'un, malgré un mémoire de la *Revue de Gascogne* et un mémoire du *Congrès scientifique de Dax*, par le même auteur, qui n'ont été encore égalés et surpassés que par celui de notre contradicteur) se trouve d'une manière à peu près sûre en étudiant, autrement encore que par la physionomie des mots, la très intéressante *Cosmographie de l'Anonyme de Ravenne*.

Nous voici à la fin ! Nous n'avons plus guère qu'à relever la mise en œuvre du prétendu *Cartulaire de Bigorre*, inventé au XVIe siècle par N. Bertrandi. On y lit.... *Castrum Soriæ* (?)..... *Lectorense oppidum*,etc. Notre contradicteur, après avoir corrigé (?) dans ce texte faux *Soriæ* en *Sotia*, traduit les détails de Bertrandi, afférents à ce dit *castrum*, par « Sos, ses édifices, ses nom-» breux habitants et le pillage des richesses » enfermées derrière ses remparts »! Traduction inexacte encore, mais aussi outrée dans la fantaisie que le vrai texte imaginé par Bertrandi. Ce texte est à joindre avec la charte du *Cartulaire de Lescar*, telle que l'a donnée de Marca, avec sa liste des cités de Gascogne détruites par les Sarrazins (*gens Gundalorum* pour *Vandalorum* sans doute) avant de l'être par les Normands de Bertrandi. Liste (dont la véritable charte, qui a existé, ne disait pas un mot) rédigée de manière à rendre forcée l'identification de l'*Oppidum* des Sotiates avec Aire ! Identification que soutint, en conséquence, de Marca !

Sos, n'ayant aucun texte, aucun vestige qui vaille, aucun indice topique ou même présentable (pas plus chez notre contradicteur que chez aucun des auteurs qui l'ont précédé), n'existait probablement pas dans l'antiquité, en tant que lieu d'une importance appréciable ou notable. Rien, absolument rien, n'a été apporté qui puisse en faire juger autrement. Il n'y eut peut-être pour véritable origine, en plus de Gueyze et de St-Martin qui d'après leurs noms et des antiquités (à Gueyze ?) devaient exister déjà, qu'une concentration d'habitants de la contrée à la fin de la longue paix Romaine. Comme en d'autres lieux fondés vers ces temps-là, une dévotion put contribuer au ralliement, non considérable du reste. — Ces origines sous la foi chrétienne qui seules ont une présomption sérieuse dans l'église du lieu qui dut précéder. d'après le marbre, l'édifice roman démoli de nos jours, nous dispenseraient, heureusement, de trop nous élever contre un jugement du Parlement de Toulouse, décidant en 1566 que le Chapitre de Sos remontait « à huit cents ou mille ans en » arrière » ! Ces juges en dernier ressort étaient si bien fixés sur la chose qu'ils précisèrent à deux siècles près.

C'est assez avoir montré, pensons-nous, (même beaucoup trop pourra-t-on nous reprocher), les champions de Sos et autres critiques de renom au pied du mur et à l'œuvre. Par plusieurs côtés, leur manière rappelle la chronologie des rois de la Gaule, éditée dans un livre de Blaise de Vigenère ; Paris fondé par *Lucus*, l'un de ces rois de la Gaule ; Troyes, en Champagne, fondée par les Troyens ; Amiens. en Picardie, fondé par Picgnon, capitaine d'Alexandre le Grand, qui fonda aussi Picquigny. etc., etc. : Aussi cette manière n'est-elle bien, en quelque sorte, qu'une tradition inconsciente et fâcheuse de ces imaginations amusantes et heureuses. Leurs opinions tiennent bien encore de l'histoire des moutons de Panurge, qui hélas ! sera toujours vraie. Par suite, nous ne nous méprenons pas sur la justesse relative des derniers mots de notre contradicteur, « l'avis général est encore » et restera ce qu'il fut, en proclamant tou- » jours l'identité de Sos et de l'oppidum des » Sotiates » ! Ce n'aurait pas été mal, dans ce sens particulier, si tout s'était borné à ces éloquentes paroles.   (Janvier 1896).

APPENDICES

De Berlin et de Lyon, des adhésions extraordinaires sont venues à notre contradicteur, malheureusement décédé, comme nous le disions dans une note du commencement de notre réplique. Etant donnée la grande réputation de ces contradicteurs nouveaux, il nous faut examiner, au moins, le mémoire du savant allemand, principalement en évidence. Ce n'est guère pourtant que pour un ou deux points spéciaux qu'il nous a semblé mériter une attention particulière. Pour le reste, il s'accorde si bien et si singulièrement avec celui que nous avons combattu ici, qu'il n'y aurait eu lieu de rien ajouter à ce que nous avons déjà dit. La partie de notre troisième contradicteur, aussi illustre — et à plus juste titre — que le second, se borne à des approbations chaudes et louangeuses de l'un et de l'autre mémoires ! On trouve ces confirmations laudatives dans la *Revue de l'Agenais* (2e trimestre 1896) et dans la *Revue épigraphique du Midi de la France* (2e trimestre 1896) par M. A. Ailmer, qui est en outre le traducteur du mémoire allemand. Ce mémoire allemand a paru en avril 1896 (*Comptes-rendus de l'Académie des Sciences de Berlin*) et il est intitulé l'*Aquitaine à l'époque romaine*, par Otto Hirschfeld.

I

Dès le début, M. Hirschfeld nous apprend que l'Aquitaine ethnographique, la véritable Aquitaine, qui seule l'occupera, était « dépourvue de chemins » ! Les preuves, qu'on nous avait dit abonder dans le mémoire manquent déjà, il va sans dire, pour cette étrange assertion, comme elles manquent à peu près partout. Les preuves du contraire sont dans César, en ce qui regarde les chemins proprement dits, et dans les Itinéraires Romains en ce qui regarde les routes qui traversaient l'Aquitaine en long et en large. Sans compter qu'il y avait d'autres voies romaines que ces itinéraires ne mentionnent pas, mais qui pourtant se constatent fort bien, et sont aussi certaines que les autres.

M. Hirschfeld regrette aussi de ne pas trouver dans César, quand il nous parle de l'Aquitaine, la même clarté, dans la topographie, la même précision qu'on est habitué « à admirer chez lui », « lorsqu'il raconte des faits qui lui sont propres ». Cette remarque est presque aussi juste que l'autre, car il suffit de rappeler, par exemple, que les emplacements d'*Alesia* et d'*Uxellodunum*, où opéra César, ont donné lieu au moins à autant de controverses que celui de l'*oppidum* des Sotiates, et nous ne savons pas que la lumière sur ces points nous soit venue d'Allemagne : Il a fallu des fouilles ordonnées par Napoléon III, pour arriver enfin à la certitude. Encore, y a-t-il des personnes qui ne sont pas parfaitement convaincues !

Mais ce ne sont là, chez M. Hirschfeld, que des parties de préambules ampoulés et point justes, sans grande conséquence pour personne, et qui ne donnent bien qu'un avant-goût de la justesse de la haute critique de leur auteur pour tout le reste ; si on en excepte pourtant la deuxième moitié de l'ouvrage où M. Hirschfeld se retrouve assez bien, par places, comme épigraphiste (1).

Il entre mieux dans son sujet de la première partie en nous apprenant encore, d'après César (*B. G.* III, 20), que dans la guerre de Sertorius, les Aquitains « ou une partie d'entre
» eux, joints à leurs apparentés d'origine (?)
» de l'autre côté des Pyrénées en lutte avec
» les Romains, avaient battu et tué le légat,
» nulle part ailleurs mentionné, L. Valerius
» Praeconinus et obligé à fuir hors de leur
» territoire le proconsul de la Narbonnaise,
» L. Mallius avec perte de ses bagages.
» Celui-ci ayant subi en Espagne, comme
» Tite Live et autres écrivains le rapportent,
» une défaite décisive infligée par L. Hirtu-
» leius, questeur de Sertorius, il faut que
» l'échec l'ait atteint dans sa retraite à tra-
» vers l'Aquitaine ». Il faut, selon nous, ne jamais avoir lu César pour l'entendre ainsi : Soit chez cet historien, soit chez Tite Live,

(1) Dans la traduction qu'il a commencé d'imprimer, M. Allmer substitue aux mots « dépourvue de chemins » se rapportant à l'Aquitaine, le mot « impénétrables » se rapportant aux Pyrénées. Ce mot, qui est le bon, est autant déclamatoire et dépourvu de sens que les autres. M. Hirschfeld lui-même ne tarde pas à faire passer et repasser beaucoup de monde (beaucoup trop) à travers ces Pyrénées *impénétrables*. Nous saisissons l'occasion pour déclarer que c'est encore à la bonne obligeance de M. Allmer que nous devons d'avoir eu connaissance du manuscrit de sa traduction.

Florus, Orose, soit ailleurs, il n'y a le moindre
soupçon, la moindre preuve ni le moindre
indice que les Aquitains aient jamais eu
l'idée, d'ailleurs insensée pour eux, de prendre la moindre part à la révolte de Sertorius.
Le premier venu qui lira le commencement
du chapitre 20 et les premières lignes du chapitre 21 du livre III (*de B. G.*), comprendra
tout simplement que L. Valérius Praeconinus
et L. Manlius furent « *peu d'années* » avant
l'an 56 (et déjà ainsi peu vraisemblablement
en l'an 77, date de la défaite d'un L. Mallius
ou Manlius ou Manilius en Espagne), de simples précurseurs malheureux de Crassus et
de César en Aquitaine. Les riches campagnes de la Gascogne orientale étaient aussi
bien tentantes, et d'autre part elles étaient
séparées des Romains seulement par un
fleuve qui, dans ces parties, était guéable sur
presque tous les points, ainsi que nous
l'avons déjà noté d'après Pomponius Mela.
Que le proconsul L. Manlius. dont parle
César, fût le même que celui dont parlent les
autres auteurs cités, c'est infiniment douteux, mais ce qui ne peut être douteux, c'est
qu'il y ait eu aucun rapport entre les deux
affaires. Ce serait véritablement nier tout
savoir et toute critique à feu l'abbé Breuils,
si nous pouvions prétendre qu'il l'avait compris autrement que nous. Seulement comme
cela, à lui seul, détruisait complètement sa
thèse, comme cela détruit celle de M. Hirschfed, il prolongea pour la circonstance, comme
nous l'avons vu, la Province Romaine jusques chez les Nitiobriges, c'est-à-dire jusqu'à
l'actuelle ville de Marmande ou même jusqu'à
La Réole. Et qu'on n'aille pas croire que la

doctrine allemande soit supérieure à l'idée de cet accommodement qui, à la rigueur, peut être pris pour un lapsus. Non ! M. Hirschfeld fait bien aller par ses raisonnements les deux généraux, du moins celui qui était en Espagne selon lui, aux environs de Sos (au Nord de l'Aquitaine et non pas au « Nord-Ouest ») où ils turent définitivement défaits ! Le second, dans sa retraite forcée, aurait bien pu traverser les Pyrénées, dites *impénétrables*, avec ses bagages, mais, et cela se comprendrait de reste, il serait allé les perdre dans le « chemin s'enfonçant dans le » sable des landes » de M. l'abbé Breuils !

Comme on a pu le compendre déjà, M. Hirschfeld, d'accord « avec Danville et d'au- » tres géographes » est pour les Sotiates aux environs de Sos « quand même la conson- » nance du nom peut tromper » !!

La seule raison que donne M. Hirschfeld est la raison du chemin le plus court, qu'il emprunte à d'Anville, et la circonstance que Crassus se rentorça « d'appels tirés de la » partie occidentale de la Narbonnaise (la » Province) » est pour lui « de nulle valeur » pour la question » ! Mais alors, observerons-nous, ce chemin le plus court (la « ligne » droite » que l'on sait) aurait été le chemin le plus long. Il aurait bien fallu pour ces appels des messagers, des lieutenants du lieutenant, et aller et retour avec les nouvelles troupes le temps est doublé ; le chemin le plus court occasionne un plus long retard que le chemin le plus long ! Et cette activité que déploya Crassus, d'après César, pour une affaire aussi sérieuse, et qui n'est plus d'après, M. Hirschfeld, qu'un long repos et

un travail et des soins laissés à d'autres !
Mais tout ce que nous pouvons dire icide ces
appels et même ce qu'en a dit M. Hirschfeld
ne signifie rien, puisque, d'après lui encore :
« Avec douze cohortes légionnaires et une
» nombreuse cavalerie », « Crassus pénétra
» sur le territoire des Sotiates ». Les « auxi-
» liaires », la « cavalerie » de renfort, les
évocats « en grand nombre », il les supprime
à présent!! Il y a bien aussi la parfaite convenance des lieux, même pour « la nom-
» breuse cavalerie » comme nous l'avons vu
et comme M. Hirschfeld l'a montré lui-même
ci-dessus par la prétendue retraite de « L.
» Mallius », s'enfuyant de l'Espagne, et courant jusqu'à Sos pour y perdre ses bagages.
Au contraire, les raisons de notre premier
mémoire, qui concluait que Crassus et ses
prédécesseurs n'avaient pu tout d'abord aller
ailleurs qu'à Lectoure, où scientifiquement
du reste étaient les Sotiates, « ne sont pro-
« bantes d'aucune manière ».

Sa bonne critique et son bon jugement se
manifestent, tout aussi supérieurement,dans
sa manière d'entendre l'élégie de Tibulle,
dont il a été déjà question ici. Il est évident
pour lui, comme ce l'était pour l'abbé Breuils,
que « *Oceani littora Santonici* » signifie
« bien sûr » les côtes de l'Aquitaine ethnographique, notre golfe à l'Ouest de l'Aquitaine ! Strabon le dénomme « Golfe Galatique », la Table de Peutinger le désigne par
« *Sinus Aquitanicus* », Lucain l'a très bien
appelé le golfe *Tarbellien*, et il n'y a que
Tibulle, c'est-à-dire M. Hirschfeld, pour le
désigner, sûrement, par le nom de la cité des
Santons, qui était étrangère à ses rivages !

« *Arar Rhodanusque celer* » de la même élégie sont aussi de préférence, pour M. Hirschfeld, l'Adour et la Dordogne, dont les noms furent depuis corrompus : car l'histoire ne sait rien d'une démonstration militaire, allant jusqu'à la Saône et le Rhône! Son idée est, en somme, que Tibulle n'a entendu parler que de l'Aquitaine ; mais alors encore que viennent faire ici la Dordogne et la Loire ? Le sens nous semble, contrairement à toutes ces idées étroites. contradictoires et sans portée, être aussi clair que possible dans une composition en vers :

L'élégie de Tibulle (I, 7) est d'un temps où les documents ne se remuent pas à liasses, puisque ailleurs on ne trouve sur les faits qu'elle nous dévoile que la mention d'un « triomphe sur des Gaulois rebelles (Appien) » et elle nous fait entendre assez clairement qu'il y avait eu commencement et menaces de soulèvement d'une grande partie de la Gaule, vers l'an 28 avant J.-C., et que cette révolte fut rudement étouffée dans son germe en Aquitaine, vers le cours inférieur de l'Adour, par une victoire de Messalla. Le vainqueur n'eut ensuite qu'à faire une marche militaire, se faisant suivre « des chefs enchaînés » qui depuis figurèrent dans son triomphe ; et il alla ainsi, sans doute, — la nomenclature qui est donnée par Tibulle le fait comprendre — par la Grande Garonne (la Gironde ?), le littoral Santonique, la Loire des Carnutes, la Saône et le Rhône rapide. qui furent de la sorte « témoins » de sa gloire, comme l'avaient été, en premier lieu. les Pyrénées Tarbelliques.

Ensuite, M. Hirschfeld s'étend sur l'orga-

nisation d'Auguste, unissant la partie Celtique d'entre Garonne et Loire à l'Aquitaine,
non pas tant pour en faire une province à
peu près égale aux autres, mais « plutôt
» parce que d'après sa politique prévoyante
» tendant à l'affaiblissement de la nation
» celtique, un morcellement du territoire
» gaulois et un fusionnement des Celtes avec
» les peuplades du sud de la Garonne lui
» paraissaient désirables » ! Et un peu plus
loin, M. Hirschfeld découvre, avec la même
pénétration, que sans doute les Aquitains
primitifs n'envoyèrent jamais des députés à
l'autel de Lyon ; mais seulement ceux d'entre
Garonne et Loire, dont Auguste aurait voulu
affaiblir la nationalité, « furent admis avec
ceux du reste de la Celtique et leurs apparentés, les Belges, dans cette assemblée nationale de tradition celtique » ! On saisit bien
ainsi l'économie extraordinaire de l'union
avec les Aquitains, et la profondeur de la politique d'Auguste à qui M. Hirschfeld prête
magistralement un désaccord qui n'est que
dans ses propres idées. Pour avoir voulu
contredire Strabon il en est arrivé déjà à se
contredire lui-même !

Puis, viennent les premiers indices des
Novempopuli dans cette Aquitaine politique
entre Pyrénées et Loire, n'impliquant pas
pourtant une séparation ni une représentation spéciale, dont on ne trouve « aucune
preuve », bien que cette représentation spéciale s'affirme par l'inscription d'Hasparren,
selon M. Hirschfeld lui-même. Et dans cette
union avec les Celtes, dont il n'est produit
que des indices de désunion par M. Hirschfeld, sont encore pour lui d'autres indices de

non-union apparaissant déjà au premier temps de l'empire, au point de vue fiscal et au point de vue du recrutement. Au point de vue fiscal, comme l'indiquait fautivement notre premier mémoire, et cette faute est prise comme chose bonne et recevable par M. Hirschfeld. Que Strabon ait dit que les Bituriges Vivisci ne faisaient pas corps de nation avec les Aquitains ou bien qu'ils ne payaient pas l'impôt avec les Aquitains, cela se rapporte sans aucun doute à un temps antérieur à l'organisation d'Auguste : La géographie de Strabon n'est très évidemment qu'une compilation, du même genre que celle de Pline, qui seul eut la « candeur honorable » de nommer tous les auteurs dont il se servit, d'avertir que sa géographie comprenait à la fois « ce qui était et ce qui avait été » et qu'il avait surpris les auteurs les plus voisins de son temps et les plus renommés, « transcri- » vant les anciens, mot pour mot, et sans les » nommer » ! Au point de vue du recrutement, les cohortes *Aquitanorum* et les cohortes *Biturigum*, au 1er siècle ne prouvent pas non plus une séparation pour le recrutement de ces cohortes auxiliaires. Les premières ayant leur origine, sans doute, au temps même de César (V. *de B. C.*), indiquent par leur nom leur patrie, qui était l'Aquitaine de ce temps-là, et les deuxièmes, dont il fallut distinguer la patrie de cette Aquitaine et de celle des cohortes *Gallorum*, indiquent, par le nom de la cité où était la métropole, l'Aquitaine entre Garonne et Loire. Toute autre manière aurait fait des confusions, et aurait aboli un usage établi et reçu.

Ainsi, sous l'Empire, il n'y eut véritablement, que l'on sache, aucune séparation, au point de vue fiscal, sinon après la procuratelle de *C. Minicius Italus* (vers l'an 98 de notre ère) qui comprenait tout le pays et la Lyonnaise en plus. De même, il n'y eut pas de séparation pour le recrutement avant Hadrien, vers le temps duquel seulement apparait un fonctionnaire spécial, indiquant la séparation par la mention de l'Aquitaine entre Garonne et Loire qui lui était attribuée.

Nous ne nous étendrons pas sur une suite de détails, chez M. Hirschfeld, qui offrent avec les documents originaux, encore et toujours des contradictions. Il suffira d'en noter rapidement quelques-uns. Comme : 1° Les Cantabres, dits par lui « apparentés d'origine avec les Aquitains » tandis que les anciens, formellement et aussi indirectement (par la notice de leurs usages et par leur toponymie) nous disent qu'ils étaient Celtes ! 2° L'Aquitaine qui était baignée par la Garonne au nord seulement : selon M. Hirschfeld contredisant J. César entre autres ! 3° La royauté, donnée sans preuves à Ollovicon, père du roi des Nitiobriges ; 4° Le titre d'ami du peuple romain à un particulier, entendu comme une alliance avec un peuple et à l'occasion de la guerre de Sertorius ! 5° Ce même titre d'ami à un véritable roi de notre Aquitaine, entendu aussi comme une alliance des peuples pour cette même guerre de Sertorius, tandis que partie de notre pays aurait été pour Sertorius !! 6° Le royaume du roi des Nitiobriges imaginaire « qui paraît (?) au » moins à l'époque impériale(?) s'être étendu » au sud de la Garonne » (sans qu'il soit possible de distinguer la chose nulle part) et de sorte que maintenant la Garonne ne baignait l'Aquitaine sur aucun point ! Auguste avait voulu l'agrandir, M. Hirschfeld la rapetisse. 7º La « ville forte des Sotiates située au som- » met d'une hauteur » ce qui est, à la lettre, ultra savant, et rend impossible, dans son esprit, les tours et les allées couvertes (*vineae*) qui pourtant furent dressées devant cette ville lors du siège ! 8º La constatation sur un monument épigraphique du Musée de Pau d'un C qui ne s'y trouve pas, et la localisation, au moyen de ce C immatériel, d'une cité extraordinairement matérielle, formée qu'elle aurait été, par les organisateurs de la Novempopulana, avec les éléments de *quatre* cités futures, *Benarnensium, Aturensium, Turba, Elloronensium !!* Il y a bien exclusivement des suites de ce genre pour rendre vraisemblable la localisation des Sotiates dans la région de Sos. Il était indispensable pour cela de démontrer d'abord qu'il y avait eu là quelque chose, et ensuite qu'à Lectoure il n'y avait jamais eu rien ou presque rien ! M. Hirschfeld s'est borné à l'essai de cette deuxième partie, le silence étant plus convenable pour l'autre.

Ainsi, d'après M. Hirschfeld, il n'y eut point de cité dans le principe (ni même depuis) autour de Lectoure ! La meilleure partie de l'Aquitaine, parfaitement délimitée par la nature, était donc restée déserte, ou était divisée en prolongements de diverses autres cités. Les 24, 25 ou 27 peuples du pays étaient allés de préférence chercher leurs centres de constitution ailleurs, et jusques dans le sable des Landes, comme les Sotiates. les Vocates et les Tarusates de M. Hirschfeld ! Ces derniers, d'après lui; doivent être cherchés à l'Ouest de l'Aquitaine, c'est-à-dire là où le sable et les landes sont le plus intenses, et où certainement il n'y eut jamais que des prolongements maigres et pauvres de la cité des Tarbelli et de celle des Boiates ou des Bituriges Vivisci. En même temps, M. Hirschfeld se montre assez disposé à admettre que les Vocates étaient les mêmes que les Basabocates. Ce qui est une vérité éclatante, si on étudie les textes. et non moins certainement les préteudus Sotiates, c'est-à-dire Sos qui n'eut jamais de territoire, ne furent, par ce lieu (s'il était alors habité) qu'une infime partie de la cité des Tarusates sans doute. Et ceux-ci sont les mêmes que les Latusates de Pline, contrairement aux décisions que rend M. Hirschfeld. Cela se prouve déjà, si on écrit l'un ou l'autre de ces mots, en imitant la cursive romaine, car ils se lisent alors indifféremment de l'une ou de l'autre manière. Comment l'éminent épigraphiste ne l'a-t-il pas remarqué ?

La cité de Lectoure, pour M. Hirschfeld, apparaît seulement lors de la constitution des 9 peuples, dans le deuxième ou dans le troisième siècle. Encore n'est-ce pas « certain » mais rien que « vraisemblable » ! Et ces termes impliquent chez lui, en attendant mieux, que cette cité aurait bien pu apparaître « après Dioclétien seulement », car ce fut alors « vraisemblablement » que les 9 cités furent divisées en 12 ! Heureusement pour nous que M. Hirschfeld n'a pu d'emblée descendre plus bas. D'ailleurs, pour lui, les 3 cités qui furent dédoublées des autres « se laissent approximativement aperce-

« voir » : Ce sont, bien qu'il ne le dise pas, celles des *Benarni* (qui sont chez Pline), des *Bigerri* (qui sont chez César et chez Pline), des Aturenses (qui sont aussi certainement chez Pline sous deux autres noms au moins, sinon aussi chez César. Il a donné à leur place dans la Novempopulana à 9 peuples et comme *certaines* (!) celles des *Consoranni* (qui ne sont pas chez César), des *Boiates*, dédoublée selon lui de celle des Bituriges Vivisci (*Boiates* qui ne sont certainement pas chez César, ni chez Pline) ; il leur a préféré encore, on ne voit pas pourquoi, celles des *Lactorates* (??) (qui ne sont ni chez César, ni chez Strabon, ni chez Pline, ni chez Plotémée, à son compte), et des *Iluronenses* (que l'on ne trouve pas mieux chez ces auteurs selon sa manière d'interprétation !). Au *minimum* des indications contraires, que l'on ait attendu jusqu'après Dioclétien pour s'apercevoir qu'il y avait *en un seul tenant*, chez ces derniers, la matière de quatre cités nouvelles, c'est souverainement invraisemblable, disons-nous ; et si le C de la borne milliaire de basse époque du Musée de Pau, n'était pas invisible il prouverait la cité des *Iluronenses*, telle qu'elle est prouvée déjà ailleurs, et pas la moindre des choses de plus. Dans le sens de M. Hirschfeld, qui semble avoir suivi ici M. Allmer, ceux qui ont porté les raisons de *castrum Bigorra* (pas *Boyorra*) et de *Vicus Julii*, deuxième nom d'*Atura* ou *Atures* capitale d'une de ces quatre cités, ont montré ainsi qu'ils n'avaient jamais rien compris à ce que furent en réalité les cités gauloises.

Si la cité de Lectoure ne fut (et ce n'est pas certain encore), qu'une cité formée, on ne sait de quels éléments hétérogènes, lors de la constitution tardive (d'après M. Hirschfeld) des Novempopuli, à plus forte raison cette cité ni sa ville ne figurèrent dans l'organisation d'Auguste. M. Hirschfeld est bien forcé pour notre cité d'arriver à zéro en reculant, tandis que sa cité des Sotiates n'arrive à zéro qu'en avançant, sans que l'on sache pourquoi. Mais d'après sa manière d'entendre la géographie de Ptolémée, c'est-à-dire de l'entendre comme il a entendu César, Tibulle et la politique d'Auguste, M. Hirschfeld ni personne ne sait plus ce que fut en détail cette organisation des Trois Gaules, en 16-13 avant J.-C., et nous allons alors prétendre, pour montrer la portée de la critique de M. Hirschfeld, que les *Datii* et leur ville *Tasta* (dont les identifications nouvelles, faites par lui, sont venues le couvrir de gloire), n'existaient pas en Aquitaine, où il les compte, ni même peut-être dans le reste des Gaules, et c'est M. Hirschfeld lui-même qui viendra appuyer notre supposition par une de ses remarques où il s'est perdu. Nous disons, puisque les *Gabali* ont été poussés fautivement par Ptolémée de l'Est à l'Ouest, il a pu pousser de même fautivement et de beaucoup plus loin ce peuple d'autre part inconnu des *Datii*, rapproché à tort des *Gabali* comme ceux-ci le sont à tort des *Vasatii !* Et cela est inattaquable, Ptolémée étant aussi mal entendu que ce nom de *Datii* a pu être mal écrit. Et c'est bien ce que vient appuyer M. Hirschfeld, en concluant que l'Aquitaine ethnographique n'envoyait pas des députés à l'autel collectif des Trois Gaules à Lyon. En effet, pour lui, il n'y avait que les cités celtiques (*qu'on avait voulu désunir*) qui y fussent représentées, soit 60 cités d'après Strabon, et comme Ptolémée en fait compter 64 d'accord avec Tacite, toujours selon M. Hirschfeld, il reste « les 4 peuples » Aquitains » qui « n'y étaient pas représen- » tés » comme il le dit encore ! Ces quatre peuples étant incontestablement, et selon toute doctrine, les *Tarbelli*, les *Vasatii*, les *Auscii* et les *Convenae* ; les *Datii* n'étaient donc pas en Aquitaine, d'après M. Hirschfeld lui-même ! Nous n'en finirions pas avec ces faiblesses, contradictions et confusions de son mémoire.

Ce qu'il fallait trouver, comprendre et retenir, c'est que le fond de la liste de Ptolémée et celle de Pline émanent, très évidemment, du même auteur, et que ces deux documents remontent, l'un aussi bien que l'autre, avant J.-C. Que la liste de Ptolémée nous donne précisément l'ordre nouveau établi par Auguste, l'auteur même du fond de cette liste sans doute, et l'autre celle de Pline, qui vient aussi d'Auguste encore plus sûrement, donne l'ordre, qui avait précédé immédiatement cette organisation nouvelle. Aussi Ptolémée donne-t-il dans ce sens, avec une absolue exactitude, les 60 cités de l'association des Trois Gaules à l'autel de Rome et d'Auguste, à Lyon, et aussi d'une pareille justesse mathématique donne-t-il, toujours dans le même sens, 19 peuples pour la Belgique et non pas « 22 » ; 24 pour la Lyonnaise et non pas « 25 » ; 17 pour l'Aquitaine tout entière, dont, toujours absolument et mathématiquement (avec contre-épreuve tirée de Strabon), 5 et non pas « 4 » appartenaient à l'Aquitaine ethno-

graphique. Ou plutôt à l'Aquitaine géographique entre Pyrénées, Océan et Garonne, avec
empiètement sur la Province Romaine vers la
source du fleuve et empiètement inverse des
Celtes vers son embouchure. Et ces cinq
cités sont absolument nécessaires pour par-
faire les soixante, dont les noms et autant de
statues les personnifiant étaient réunis à
l'autel ; c'est pourquoi, conformément d'ailleurs à toute logique et à toutes raisons de
sens commun et d'histoire, elles en firent partie
au même titre que les autres.

Les 64 cités de la Gaule, d'après Tacite
(notant le bruit que les 64 cités de la Gaule
se révoltaient) sont apparemment en plus des
60 associés d'abord, celles des *Nemetes*, des
Vangiones et des *Triboci* que Ptolémée place
dans la Germanie supérieure, et que Pline dit
être « trois peuples Germains habitant la
Belgique » dans son tableau non retouché et
antérieur à la formation des deux Germanies,
ensuite peut-être la cité des *Helvii* que Strabon donne à l'Aquitaine, non par erreur sans
doute, mais plutôt parce que les *Helvii* furent
réellement rattachés à l'Aquitaine d'une manière temporaire : Au lieu de cette prétendue
stabilité, allant d'Auguste à Dioclétien, il y
eut des fluctuations presque incessantes dans
l'état des provinces, des cités et même des
villes durant tout le temps de la domination
romaine. C'était déjà l'opinion de d'Anville,
que l'on exalte dans toutes les erreurs de son
malheureux système toponymique, par exemple, sans jamais parler, en rien, de ce qn'il
trouva d'excellent, par son grand savoir.
Autrement, au sujet des 64 cités accusées
par Tacite, mais comme faisant partie du

territoire des Trois Gaules seulement, on ne peut supposer que déjà en l'an 21 de J.-C. les Novempopuli étaient constitués. Vu le court usage, le nom d'Aquitaine n'aurait pu demeurer attaché à la partie celtique entre Garonne et Loire et l'Aquitaine véritable n'aurait pas pas perdu son nom.

On nous a demandé des preuves, comme si des preuves résultaient de ces sortes de pattes de mouche, formées avec quelques mots empruntés de ci de là à tel ou tel auteur et mis en note ou, encore, comme si elles résultaient de la réputation d'un tel ou d'un tel, parmi les modernes, disant ceci ou cela ! Les preuves de ce qu'il y a dans César, dans Pline, dans Strabon, dans Ptolémée et les autres sont dans ces auteurs mêmes qu'il est fort utile seulement de ne pas isoler les uns des autres. Il faut tout lire et tout étudier pendant longtemps, et ne pas se contenter de parcourir les textes en quelques instants ou de s'en informer chez le voisin ; quand encore ils ne sont pas faussés ou dénaturés par l'arbitraire des éditeurs ou, qui pis est, par des commentaires de fantaisie. Ainsi, *au minimum*, les preuves de Ptolémée se trouvent dans l'étude intégrale de sa géographie tout entière, dans l'entière géographie de Pline, préfaces et introductions comprises. dans la géographie de Strabon, et ainsi de suite. De plus, pour les points qui nous occupent ici, il est encore bon de ne pas ignorer que l'on trouve sur six manuscrits de Ptolémée les récapitulations que nous donnons ci-dessus pour l'Aquitaine et pour la Lyonnaise et sur quatre de ceux-ci seulement pour la Belgique ; ce qui est fort indifférent, car l'autorité de ces chiffres serait la même, ne figureraient-ils que sur un seul manuscrit. Les récapitulations des villes dans les trois provinces sont tout aussi rigoureusement exactes que celles des cités. Le tout se vérifie et se trouve exact absolument en comptant dans le texte ; et les totaux des villes dans ce texte, comme dans les récapitulations, repoussent encore les trois peuples Germains dont nous venons de parler : leurs villes justement ne pouvant entrer dans ces récapitulations, par provinces ni dans leur total sans en fausser les détails et l'ensemble des chiffres ! Pour un 25ᵉ peuple dans la Lyonnaise, qui viendrait encore fausser ces récapitulations et ces totaux, comment n'a-t-on pas compris qu'il n'y avait là qu'une incidente corrompue, répétant le nom d'un peuple avec une simple erreur ou variante d'orthographe, comme il y en a tant chez Ptolémée, et que ce prétendu peuple n'a pas ainsi, très naturellement, le nom de sa ville ou de ses villes comme tous les autres. Chez M. Hirschfeld ou ailleurs, ces *Samnitae* (sous-entendus dans ses récapitulations à lui) sont la même chose que les *Namnetae* (nom que l'on trouve encore même altéré en *Samnitae* sur deux au moins des manuscrits de Ptolémée). Leur production en compte a la même valeur que *Elusa* et *Vasatae*, admis par M. Hirschfeld sur le même pied, selon les besoins momentanés de sa thèse, et comme étant chez Ammien Marcellin qui ne parle que de *Ausci* et que de *Vasatae !*

S'il faut longuement étudier les textes pour arriver à les comprendre peut-être il est encore plus indispensable de connaître les pays auxquels ces textes se rapportent et de savoir qu'en Aquitaine, par exemple, il y a des régions impossibles pour qu'il y ait jamais eu là des cités constituées ; d'autres régions ou plusieurs cités au lieu d'une sont au contraire indubitables, au temps des Novempopuli, et d'autres régions naturelles où il est parfaitement invraisemblable qu'il n'y ait eu que des dépendances de cités à centres éloignés et dans des régions relativement inférieures : En contradiction, du reste, avec tous les monuments et avec toutes les traditions. Avec cela, si M. Hirschfeld n'a pas compris César aux deux passages qui annihilent sa thèse, à eux seuls, thèse qui au fond et dans nombre de détails est la même que celle de M. l'abbé Breuils (avec quelques connaissances spéciales et quelque critique en moins chez M. Hirschfeld !) ; s'il n'a pas compris l'élégie de Tibulle ni la vraie nature, ni l'ensemble, ni les chiffres de la géographie de Ptolémée, ni une foule de détails chez d'autres auteurs cités ou non cités, pourquoi et comment aurait-il été mieux inspiré pour tout le reste ?

Aussi n'y a-t-il aucune apparence qu'Eauze se trouvât de préférence à Lectoure, comme les raisonnements de M. Hirschfeld le veulent, dans la constitution d'Auguste et sur le *Breviarium totius Imperii*, dont émanent, en somme, sans doute et la liste de Pline, pour les Trois Gaules, et celles de Ptolémée. Pour Lectoure, la région naturelle est assez grande (40 kilomètres, environ, sur 70 kilomètres, environ), et elle est supérieure à toutes les autres par la qualité du sol. Pour la ville la tradition est constante et la suite en est logique. Lectoure fut toujours connue autrefois comme étant la seule ville forte du pays « la clef et la seule forteresse de Gascogne » selon un roi de France, et les historiens, d'un temps où on le savait encore. La prétendue ville religieuse, au contraire, y est sans nulle tradition et sans nul témoignage : ce n'est qu'une idée quelconque, ou plutôt une idée dérivant d'autres idées fausses et préconçues, sans aucun fondement. La cité de Lectoure, avec sa ville, sous Auguste, achevait la ceinture des villes excentriques, dont il semble que ce prince avait voulu enserrer l'Aquitaine, qui avait résisté aux Romains plus qu'aucune autre partie des Gaules. Quand nous disons achevait, nous devrions dire commençait : C'est bien à cette ville, la première, que pensa Agrippa, comme nous avons vu, et que pensa sans doute Auguste comme y avait pensé César, son père adoptif. Car il ne faut pas oublier que d'après César il n'y avait qu'un peuple et une ville qui comptassent réellement en Aquitaine, puisque, après leur réduction, l'Aquitaine se trouva comme décapitée, et alla chercher des secours et des chefs en Espagne, comme il le dit. Aussi est-ce avec le roi de cette cité qu'il composa, ainsi que le prouve la monnaie nationale que ce roi fit frapper à son nom, mais avec des légendes latines et avec la louve du denier de la République Romaine, au nom de P. Satrienus.

C'est donc certainement la cité et la ville des Sotiates qui furent inscrites les premières sur le tableau d'Auguste, et il n'est pas possible de retrouver ce peuple ni cette ville soit à Sos (!!), soit à Eauze, qui n'ont ni points ni alentours convenables, ni rien plus, sous n'importe quelle manière qu'il soit possible d'envisager la chose. Sur le texte de Ptolémée qui fourmille de fautes d'orthographe, mais non pas de fautes de sens, *Datii* ou *Dacii* n'est que la corruption aussi simple qu'évidente de *Sotii* ou *Saucii*, comme nous l'avons déjà dit. Le delta initial, qui seul est à considérer (*a* pour *o* ou pour *au* étant très simple) et non à supprimer, comme l'a fait M. Hirschfeld, vient peut-être d'un D barré sur l'original latin pris pour un D alors que le D barré n'est incontestablement qu'une variante graphique de S et, pas moins incontestablement, d'usage latin et non pas d'usage gaulois : les Gaulois n'ayant jamais eu d'alphabet. Et cet original latin a amené d'autres fautes qui s'expliquent très bien par lui, comme par exemple *Vasarii* pour *Vasatii* où la confusion est impossible en grec, tandis qu'en latin *t* et *r* avaient ou pouvaient avoir ici les mêmes apparences graphiques : Les *Sotiates* de César, les *Sottiates* de Pline, les *Lactorate-Sauci* de la Table de Peutinger, les *Psauscii* de Strabon et les *Datii* ou *Dacii* de Ptolémée n'étaient qu'un seul et même peuple, au nom diversement écrit ou très simplement altéré. SOTIOTA, sur la monnaie, est sans doute le nom même de la célèbre et glorieuse nation (comme *Gallia*), en imitation de ROMA, qui se lit à la même place sur le prototype.

Au contraire, les Elusates et leur ville *Elusa* n'ont aucun document, aucun territoire, ni aucune tradition ancienne qui approchent des nôtres, et qui puissent leur être seulement comparées de loin, et en l'entendant comme M. Hirschfeld, toute la suite des documents devient disparate et inintelligible. Aussi la correction qu'il est obligé de proposer au texte de Ptolémée est tellement tirée qu'elle n'est pas, en conscience, acceptable un seul moment : D'après ses raisonnements « Καὶ ὑπό μὲν τους Γαϐάλους Δάτιοι καὶ πόλις Τάστα » chez Ptolémée, est sans doute une corruption de « Ὑπὸ δέ τούτους Ηλουσάτιοι καὶ πόλις Τάστα » !

Ainsi les termes de la formule indicative ont été changés, quatre lettres du nom (Γαϐά...) sont en trop, une initiale indispensable est absente et une autre initiale présente doit disparaître avec l'intervalle séparant les deux mots ! De cette manière, on peut trouver tout ce qu'on veut sur n'importe quel écrit. Dans l'erreur de classement de Ptolémée, le texte est au contraire parfaitement juste pour accuser une deuxième fois cette erreur et « Καὶ ὑπό μέν τούς Γαϐάλους Δάτιοι καὶ πόλις Τάστα » est aussi régulier que « Καὶ ὑπό μέν τούς Αὐσκίους Οὐέλαυνοι, ὦν πόλις Ῥουέσσιον » qui se trouve quelques lignes plus bas : le cas et les termes précédant les ethniques sont absolument identiques, et on ne comprend pas que M. Hirschfeld n'en ait point fait la remarque formelle, au lieu de nous parler d'autres exemples à côté qu'il intitule « une preuve » !

Avons-nous besoin d'insister ? Si Auguste (comme déjà Pline nous le montre sans doute) n'avait pas tenu à garder le nom tel que l'avait donné son père adoptif, c'est un autre ethnique qui aurait été placé avant Δάτιοι : celui-là même, écrit il y aura bientôt vingt siècles, qui précèdait *Sauci*, sur le monument dont la Table de Peutinger nous a conservé en partie la très haute et très intéressante tradition.

Mais, dans les deux passages que nous venons de citer, « Αὐσκίους » a été mis, il est certain, pour « Ἀρουέρνουσ », et il n'est guère moins certain « Γαβάλους » a été mis pour « Νιτιόβριγας ». La première altération peut ne pas avoir été consciente tandis que la seconde a été raisonnée et voulue : pour accorder avec la faute de classement qui précède dans le texte et qui, en somme, est la seule à compter pour toute l'Aquitaine. Ces répétitions des noms des Nitiobriges et des Arverni ètaient des sortes de rubriques pour de nouvelles séries de peuples placés les uns au-dessous des autres. Avec celles où se répètent le nom des *Pictones* et le nom des *Petrocorii*, le texte original portait ainsi quatre de ces rubriques, pour notre grande province entre Loire et Pyrénées, toutes nécessaires et d'accord avec la véritable position des peuples.

Naturellement, au temps de la liste de Ptolémée, *Lactora* ne s'appelait pas plus *Lactora* que *Elusa* ne s'appelait *Elusa*, si cette ville existait alors. Car l'existence des cités gauloises n'était pas subordonnée à l'existence d'une ville, et il se peut fort bien que les Elusates n'en eussent pas au temps de César et au temps de la liste de Pline, qui les mentionnent avec d'autres peuples connus et avec un plus grand nombre qui sont demeurés et qui étaient certainement des plus obscurs. Dans tous les cas, en son temps, Ptolémée n'eut pas à avoir de préférences pour la liste qu'il nous a transmise et les noms nouveaux de nos villes, quoique d'usage beaucoup plus ancien que l'on ne croit, furent vraisemblablement toujours ignorés de lui. Si vers la fin de la domination romaine, peut-être même au début du V⁰ siècle seulement, Elusa fut choisie pour être la métropole du pays, on a compris qu'Auguste n'avait pas eu à le prévoir dans son organisation. Du reste, suivant la politique nouvelle de son père adoptif, il avait eu surtout à considérer ici les peuples, et c'est pourquoi sans doute la liste des Trois Gaules chez Pline ne porte le nom d'aucune ville. C'est par suite de cela, et encore bien longtemps après Auguste, que le peuple seulement apparaît officiellement sur tous les monuments des Trois Gaules.

D'autre part, les emplacements des peuples dans Ptolémée, et qui viennent sans doute aussi d'Auguste, car on en retrouve une très visible ébauche dans la liste de Pline, condamnent irrévocablement les gratuites et laborieuses identifications de M. Hirschfeld. Ces indications d'emplacements vont, pour toute l'Aquitaine politique, du nord au sud ou bien de l'occident à l'orient. Ainsi du nord au sud, il y avait bien, comme l'indique la géographie de Ptolémée, sous les *Pictones* les *Santones*, puis les *Bituriges Vivisci*, puis les *Tarbelli* « jusqu'aux monts Pyrénées ». De même sous les *Petrocorii* il y avait bien les *Nitiobriges*, puis les *Vasatii*; mais « au-dessous de ceux-ci » ne se rapporte pas aux *Vasatii*, mais sûrement aux *Velauni*, au-dessous desquels se trouvaient les *Gabali* dont le paragraphe a été seulement déplacé. Au contraire, aucun peuple ne se trouve indiqué *au-dessous* des *Vasatii*. Il devait y avoir, après leur mention et avant la rubrique susdite, une des indications de l'orient dont se sert Ptolémée ayant amené peut-être (avec la vague ressemblance des noms des

Vasatii et des *Velauni*) l'interposition fautive des *Gabali* qui se trouvaient en effet à l'orient. Ici étaient certainement les *Datii*, au-dessous des *Nitiobriges*, tout comme les *Vasatii*, et au-dessus des *Auscii*, ou les *Auscii* au-dessous d'eux, comme le porte le texte, tandis que les Elusates ne furent jamais qu'à côté des *Auscii*, à l'occident ! La chose est absolue, l'erreur est terminée, l'indication est attachée et fait partie du paragraphe des *Auscii* et de leur ville, et elle donne un peuple et une ville au nord : où étaient précisément notre peuple et notre ville, ou bien, renversant les termes pour suivre la marche même de Ptolémée, elle donne à notre Sud, les *Auscii* et leur ville qui furent toujours là.

Pour le fait du lieu dit *La Taste* aux environs d'Eauze, on a vu plus haut (en note) qu'il ne signifie rien pour une identification, et véritablement il est déplorable de voir nos contradicteurs s'enthousiasmer de cette « brillante » découverte qu'ils pensent avoir faite, et qui n'est qu'un naïf et long retard de leurs recherches sur les nôtres. S'ils nous avaient consulté, comme autrefois sur de pareilles choses, nous aurions pu encore leur indiquer le lieu dit *La Tastote*, non très éloigné de l'autre, et qui en est un diminutif évident, comme *Tastarot* est aussi un diminutif de *Tasta* aux environs de Nérac. Autrement, nous pourrions encore leur assurer et même leur prouver par acte authentique qu'il y avait aussi un Taste à Lectoure (*Tasto* en gascon moderne, *Tasta* en vieux gascon). Bien qu'il dut s'y trouver pour nous une raison des plus concluantes, nous n'insisterons pas sur la particularité qui le distinguait, et dont tous les Lectourois de notre âge ont sûrement gardé la mémoire.

Dans la suite des preuves sérieuses, les LACTORAT..... (élevant une statue à Marc-Aurèle) (*is*) et la R (*es*) P (*ublica*) LACTORAT..... en l'an 176, la CIVITAT LACTOR.....avec l'ORDO LACT.....en l'an 241, qui ne rendent la cité de Lectoure que « vraisemblable » avant Dioclétien (284-305) pour M. Hirschfeld ne sont même pour lui, que « la *respublica* ou *l'ordo* de Lactora » (de *Lactorat*(*a*) alors aurait dû dire cet épigraphiste étonnant?). Seulement, pour tout érudit et tout critique ordinaire, il en est tout autrement et ces textes lapidaires valent bien sans doute ceux qui nous donnent l'ORD (*o*)ELVSAT..... (sur une inscription non datée et qui peut ne pas remonter au delà de celle qui donne notre *respublica*) et la [*co*] LONIAE ELVSATIV[*m*], sur une inscription non datée encore (sinon pour M. Hirschfeld !), mais qui prouve au moins déjà que ce n'était pas seulement dans la cité de Lectoure qu'il y avait hommages religieux aux empereurs dans les cultes nouveaux de la Magna Mater et de Mithras. Ce dernier culte paraît bien avoir régné dans la cité d'Eauze, comme le premier a régné dans celle de Lectoure et dans tout l'Empire romain, ou à peu près, comme les preuves en abondent.

Mais, bien au-dessus de tout cela, est la partie de la tradition écrite se manifestant par la mention, gravée en l'an 105, de la *Provincia Lactorae!* Car c'est bien d'une province, désignée seulement encore par le nom de sa capitale, qu'il s'agit, et toute la critique et toute la science de M. Hirschfeld et de ceux qui pensent comme lui s'useront vainement à vouloir démontrer le contraire. Ces désignations de provinces par le nom de leurs villes capitales ont déjà leurs racines dans César lui-même lorsque par *Tolosa et Narbone* (*B. G.* III, 20) il entend les cités dont ces villes étaient les capitales et les cités comme l'on sait n'étaient qu'une sorte de petites provinces. C'est du même mode que vinrent les désignations de Lyonnaise et de Narbonnaise, parce que Lyon et Narbonne étaient les capitales de ces provinces. C'est encore du même principe que fut tirée la désignation des cohortes *Biturigum* que nous avons vue, parce que Bourges était la métropole. Enfin beaucoup plus tard, lors de la formation de la 4e Lyonnaise, cette province nouvelle eut encore le nom de *Senonia*, parce que Sens, l'ancienne *Agendicum*, en était la métropole. Nous passons la Viennoise, dont le nom avait une origine pareille aux autres. Ce sont là des exemples d'une autre autorité que celle de M. Hirschfeld, poussé en conséquence d'une première erreur à méconnaître ou à nier toute expression aux antiquités de Lectoure, et se surpassant encore ici par la force des choses.

En effet, se séparant de l'opinion de M. Mommsen qu'il avait suivie et qui différait fort peu au fond de la nôtre, M. Hirschfeld s'écrie avec une véhémence que nous avons déjà vue : » Lectoure nulle part ailleurs mention-
» née auparavant (?) ne peut en aucune ma-
» nière (?) avoir été une désignation collec-
» tive ni de toute ni seulement de la majeure
» partie de l'Aquitaine ibérienne (?) mais

» certainement (??) ne désigne rien de plus
» que le territoire visiblement (??) étroite-
» ment limité de Lactora à l'extrême nord-est
» de l'Aquitaine ancienne (!!) et qui ne se
» sera que peu étendu en dehors de la ville »!!
Et en note : « Il y a lieu (?) de douter que
» par Lactorates (??) il y ait à comprendre un
» peuple ou bien plutôt qu'il ne s'agisse que
» des habitants de la ville de Lectoure de
» même que Tolosates étaient ceux de la ville
» de Toulouse » !! Il assure ensuite que Lectoure n'était que « la place réservée du ser-
» vice taurobolique », « un district religieux »
« détaché du reste de l'Aquitaine, et peut-
» être confié comme domaine de l'empereur(!!)
» à l'administration directe du procurateur
» impérial » ! Bref, il n'y a plus de cité
du tout : et c'est bien ce que faisaient prévoir
ou même ce que semblaient désirer — si nous
pouvons nous exprimer ainsi — certaines
réticences du mémoire. La *civitas* inscrite
sur les marbres antiques et sur la *Noticia
Galliarum*, n'a pas plus existé avant qu'après
Dioclétien et cela manquait bien pour cou-
ronner toutes les contradictions de M. Hirschfeld. C'est comme du vandalisme voulant
détruire maintenant la raison même des
choses. Ici, toutes les bases et toutes les
preuves de M. Hirschfeld consistent dans
le fait de la trouvaille à Lectoure d'une ving-
taine d'autels tauroboliques, sous une dizaine
de mètres de la muraille antique qui fortifia
la hauteur au IVe siècle et dont les inscriptions, bien entendu, sont à sa confusion et
n'autorisent rien de ce qu'il dit. Mais on
trouverait bien dans ces dires un pur vandalisme si M. Hirchfeld a eu réellement cons-

cience de l'énormité de sa remarque « qu'au-
« cun fonctionnaire local ne figure à côté de
« l'*Ordo Lactoratium* (??) tandis que par
« contre se laisse voir sûrement un procura-
« teur de l'empereur »..... On a trouvé de ces
autels votifs, officiels presque tous, un peu
partout : à Lyon, à Narbonne, à Bordeaux, à
Tain, à Caderousse, à Valence, à Die, à Aulnay, à Vienne, à Vaison, à Fréjus, à Riez, à
Vence et dans un grand nombre d'autres
lieux. Ce qui fait de Lectoure une place singulièrement réservée pour le culte taurobolique ? Incontestablement le baptême du sang
pour les empereurs ou pour soi, ou pour soi
et pour les empereurs, se pratiquait à peu
près partout et les monuments le constatant
sont en proportion de la richesse des populations et du hasard des trouvailles modernes. Y avait-il donc pour cela partout ou
même seulement à Lyon, à Narbonne, à Die,
ville à laquelle nous compare M. Hirschfeld,
des districts religieux séparés des provinces
et confiés « peut-être » comme domaines des
empereurs, à l'administration directe des procurateurs financiers ? Et les pratiques du
culte de la Magna Mater (le taurobole) exis-
taient-elles ici déjà aux premières années du
principat de Trajan ? Et qu'y avait-il auparavant sur le rocher de Lectoure, ce domaine
prédestiné des empereurs ? A quel peuple pri-
vilégié, au temps de l'indépendance, fut prise
cette forteresse naturelle pour une pareille
fin ? qui en définitive se trouve avoir été,
malgré M. Hirschfeld, la ville d'une cité ordinaire au temps précisément où les tauroboles
étaient et continuèrent longtemps à être en
pleine activité. En un mot, où M. Hirschfeld

Autel commémoratif du taurobole fait par l'*Ordo*, en 241,
pour le salut de l'empereur, de sa femme, de toute leur
maison et pour la conservation de la *civitas*. Trouvé à
Lectoure vers 1540.

(Réduit à un dixième)

et son traducteur trouvent-ils non pas la moindre preuve mais la moindre vraisemblance à tout ce qu'il a imaginé ici ??

Sur le rocher de Lectoure, il y avait certainement la ville des Lactoratae Sauciates d'aprés la Table de Peutinger que M. Hirschfeld a complètement oubliée ; à moins qu'il ne l'ait considérée comme une chose encore plus indifférente pour la question que les appels que fit Crassus dans la Province lors de sa campagne d'Aquitaine. Et l'indication de ce peuple célèbre est suivie sur la Table de celle des Volcae Tectosages, ethnique que n'avait pas encore fait oublier celui de Tolosates qui ne s'y trouve pas. Celui-ci vient bien de Tolosa, mais il ne signifiait pas seulement les habitants de cette ville mais encore ceux du territoire qui lui avait été attribué lors de la constitution romaine de cette cité ou « colonie » de Tolosa. En rapport avec le dire de M. Hirschfeld, la même chose arriva à Lectoure et dans tout le reste des Trois Gaules, à cela près que ce fut d'abord exactement tout le contraire, l'inverse. Comme nous l'avons dit et expliqué, et comme il l'aurait enfin compris sans doute, s'il n'avait pas été plus savant que nous, et qu'il eût eu besoin d'étudier.

La Table de Peutinger toute seule ruine entièrement toutes les constructions extraordinaires et sans le moindre fondement de nos adversaires. Du moins l'abbé Breuils n'avait pas trouvé ce fantastique petit district religieux séparé du reste de l'Aquitaine et du reste des Gaules, dès le temps de Trajan ! Vainement M. Hirschfeld a déployé toute sa critique pour le fonder, et plus il a voulu le réduire, plus il l'a rendu invraisemblable, en le faisant régir par un personnage fiscal qui avait déjà sous un lui autre véritable et immense district comprenant les deux tiers de la Gaule, et qui devint immédiatement après cette déjà très haute fonction préfet de l'Annone et ensuite préfet d'Egypte. La réserve « peut-être » n'est qu'une sorte de subterfuge, pour pallier l'énormité de la chose ; l'inscription d'Aquilée n'admet pas de *peut-être.*

La Belgique et les deux provinces de Germanie paraissent avec un seul procurateur financier et la Lyonnaise et l'Aquitaine avec un autre procurateur financier, en tout deux procurateurs pour les Trois Gaules (les deux Germanies comprises) qui ne formaient ainsi que deux circonscriptions financières. Quand apparaît *Lactorae* en opposition avec *Luguduniensis* et *Aquitanicae* sur le monument honorifique du plus ancien de ces procurateurs qui soit connu, il s'agit alors de trois provinces ; autrement, il n'aurait été fait, cela tombe sous les sens, aucune mention de Lectoure : Ceci dit pour la prétendue petite « circonscription financière » que l'on nous attribue d'après un monument qui prouve justement le contraire et qui se traduit en ce qui nous touche par « procurateur des provinces Lyonnaise et Aquitanique, aussi de celle de Lectoure ». Bientôt après (se rapportant vers le temps du principat d'Hadrien) apparaît un *dilectator per Aquitanicae XI populos* impliquant un *dilectator per Aquitanicae IX populos* incontestablement. Si, dans la suite, il n'est plus fait mention de rien de pareil, sinon seulement de l'Aquitaine (unie à la Lyonnaise ou à la Narbonnaise, au point de vue fiscal) et des Novempopuli, c'est que le régime en préparation avait abouti et qu'il n'y avait plus usuellement d'Aquitaine *XI populos* ni d'Aquitaine *IX populos* mais seulement une Aquitaine et une Novempopulana ou des Novempopuli (« *gentes IX populi Narbonensis* » pour *Lactorensis* peut-être : changé par les éditeurs d'Ethicus ?). Cela résulte, directement ou indirectement, d'un grand nombre de documents, y compris des inscriptions, qu'on s'est seulement obstiné à ne pas voir ou à ne pas vouloir comprendre, même à ne pas vouloir regarder. Comme la liste d'Ammien Marcellin, plus ancienne que toutes celles de basse époque, les mentions des *Quinque* et des *Septem provinciae* opposées à *Galliae*, etc.

Il y eut ici deux provinces opposées l'une à l'autre, avec une énorme disproportion car l'Aquitaine nouvelle, l'Aquitaine celtique, était plus grande presque du triple que l'ancienne. Et c'est ce qui dura jusqu'à Dioclétien, sans doute, et non pas la grande Aquitaine fondée par Auguste, de laquelle notre partie devait plus ou moins tôt être détachée selon la réserve faite par Strabon. qu'a voulu du moins remarquer M. Hirschfeld. C'est Dioclétien, sans doute encore, qui seulement divisa en deux l'Aquitaine celtique dont, dès longtemps avant, la nôtre avait été disjointe, et c'est pourquoi il n'y eut point des 1re, 2e et 3e Aquitaines, mais bien une Novempopulana et les 1re et 2e Aquitaines : Par une bizarrerie qui s'explique, c'est la vraie Aquitaine qui perdit sa légitime dénomination, car certainement Novempopulana et même Novempopuli avaient été pris et entendus bientôt comme des noms propres.

C'est pourquoi encore l'Aquitaine primitive devenue la Novempopulana et divisée alors en 9 cités trop petites relativement aux autres, n'envoya plus désormais des députés à l'autel de Lyon, mais fut représentée à un autel particulier élevé à Lectoure sans doute, selon la très judicieuse conjecture de M. Mommsen. Et, soit dit en passant, devant cette conjecture, devant cette vision de la vérité, peut-on dire, s'éclipsent singulièrement les trouvailles de M. Hirschfeld, du taurobole spécial à Lectoure : « la place » réservée du service taurobolique en proche » liaison avec le culte impérial », « culte dont » il n'existe à Lectoure aucune trace ». Et « d'après cela on ne pourra adhérer, en tant » au moins qu'il s'agit de cette ville, à l'opi- » nion »…. de M. Mommsen !! Visiblement M. Hirschfeld, armé de toutes ses contradic- tions pour les autres, et pour lui-même, et avec sa double vue jusqu'à travers les fondations de nos murailles antiques encore presque, toutes en place, en veut à Lectoure, comme l'abbé Breuils en voulait à son évêché.

Le culte impérial particulier à la province et établi alors dans sa capitale est indubitable, et c'est pourquoi l'assemblée des Novempo- puli put légalement envoyer un député légal à l'empereur, et ainsi obtenir ce qui fut demandé ou quelque chose d'équivalent, comme le prouve l'inscription d'Hasparren. Ce qui fut obtenu ne fut nullement cette prétendue séparation fiscale et militaire de M. Hirschfeld « comme déjà elle apparaît » au premier temps de l'empire et peut-être

» aura été plus tard plus marquée »!! et les autres termes de M. Hirschfed « séparation » qui n'a pas besoin d'être envisagée comme » la constitution d'une province particulière » sont autant dépourvus de sens et aussi contradictoires. Il n'y aurait pu avoir d'assemblée légale, aux mêmes droits que l'assemblée de Lyon, ni des Novempopuli de nom, ni légaux, ni accueil, ni sanction de l'empereur si cette séparation provinciale n'eut déjà existé avant la délégation de Vérus, le flamine des Tarbelli sans doute. Ce qui fut obtenu ne put donc être une disjonction qui déjà existait forcément, ni aucune autre disjonction inférieure, par conséquent, mais bien une adjonction de Gaulois. Aussi n'y a-t-il pas sur le monument SElVNGERE GALLOS (lecture où il faut supposer encore que GALLOS a été fautivement écrit pour GALLIS !) mais bien : SE IVNGERE GALLOS...., en trois mots. Cette addition des Gaulois aux Novempopuli ne fut autre que celle qui porta à 12 les 9 peuples. comme nous l'avions déjà présentée dans notre premier mémoire. Les peuples ajoutés furent bien les *Convenae*, les *Consoranni* et les *Boates* (groupés ainsi sur la *Noticia Galliarum*) que tout nous montre avoir été des Gaulois étrangers aux Aquitains : Les *Convenae* en droit et de fait colonie établie par Pompée avec des Celtes espagnols (non mêlés d'Ibères, contrairement au mot équivoque « celtibères » choisi par M. Hirschfeld). Les *Consoranni* pris aussi à la Province comme le prouvent la géographie, leur phonétique mêlée, leurs noms celtiques, comme ceux des *Convenae*, et le texte de Pline qui les porte deux fois, parce que la première fois ils ne faisaient pas partie de l'Aquitaine. Les *Boates* ou *Boiates*, qui ne peuvent être considérés, comme nous l'avons déjà dit et comme M. Hirschfeld l'admettrait lui-même par une de ses mille contradictions, que comme un dédoublement des *Bituriges Vivisci* : « Les Gaulois » de l'inscription en vers, ce sont les Gaulois touchant aux Novempopuli historiquement ou géographiquement, les Gaulois par l'expression la plus usuelle, la plus commune et la plus naturelle chez eux, les Gaulois qu'ils avaient demandés. Le texte n'a aucune des fautes qu'on lui prête, et il se traduit nettement à l'endroit topique par : « le flamine Vérus » « a obtenu en faveur des Novempopuli l'adjonction des Gaulois ». Alors le grand intérêt de la haute démarche devient saisissable au lieu des avantages ridiculement platoniques et dépourvus de sens des opinions contraires à la nôtre, à la signification patente des faits, à la teneur du texte. La Novempopulana, d'abord constituée avec les éléments de l'Aquitaine du temps de César, devait être taxée en bloc pour les impôts ou autres charges et les deux cités du Sud-Est, par exemple, avaient dû faire retour à la Narbonnaise, après l'abolition de l'ordre d'Auguste. Il y en a d'autres indices encore que ceux que nous venons d'exposer ! Tout se tient et devient compréhensible et raisonnable.

L'autel funéraire du procurateur des Augustes (Marc-Aurèle et Vérus sans doute) trouvé à Lectoure indique par ce fait et par tous les autres, tout comme par la concision du texte, qu'il s'agit d'un fonctionnaire d'un ordre très élevé et non pas de l'intendant d'un

Autel funéraire du Procurateur impérial. Trouvé à Lectoure en 1872. (Réduit à un dixième).

petit domaine impérial qui aurait été une ville religieuse du culte officiel, sans le culte officiel et déjà régie auparavant par le procurateur de deux grandes provinces, selon les imaginations de M. Hirschfeld. C'était évidemment un procurateur gouvernant la province : classée alors —avec raison—au rang des petites provinces excentriques comme celles des Alpes, de la Corse, des Mauritanies et autres, qui furent régies par des procurateurs gouverneurs. Si un pareil monument n'avait pas été trouvé à Lectoure, il aurait fallu l'y supposer ; parce qu'il s'accorde avec tout le reste, qu'il en est la conséquence et le complément ; tandis que tout ce que l'on nous a opposé ne s'accorde avec rien et n'est qu'une suite obligée, d'erreurs en erreurs, de la faute du commencement, qui n'est autre que la méconnaissance de notre identification de la ville des Sotiates.

Juin 1896.

II

Cette ville, *Tasta* puis *Lactora* (aujourd'hui *Litouro* en gascon, Lectoure en français), fut fondée, à une époque très reculée sans doute, sur une hauteur en forme de promontoire dans la vallée du Gers. Le choix de l'endroit vint sans doute de ce que, à l'avantage de la position, se joignait celui de plusieurs sources à fleur de terre ou peu profondes qui n'ont jamais laissé les habitants manquer d'une eau parfaitement potable. A la bordure de rochers couronnant le promontoire, il n'y eut qu'à ajouter la coupure de ce promontoire, comme nous avons vu plus haut, pour avoir déjà l'ossature ou l'ébauche d'une grande forteresse, tout exceptionelle avec son eau et avec ses 680,000 mètres carrés environ de superficie, à une altitude de 165 à 190 mètres au-dessus du niveau de la mer, 101 à 126 au-dessus du niveau du Gers, au pied de la colline.

Les moyens d'accès. — Comme le portait notre premier mémoire, un grand nombre de chemins aboutissaient ou aboutissent encore sur cette ancienne enceinte de Tasta, occupée aujourd'hui presque à moitié par Lectoure et son faubourg (maisons et jardins) qui atteint et même dépasse, dans sa longueur, les limites marquées par l'ancien fossé double. Rien ne paraît plus juste que le dicton populaire (*bielh coumo un camin,* « vieux comme un chemin »), qui donne à ces voies de communication une ancienneté au-dessus de toute autre. De fait, la mémoire des hommes et les documents anciens et modernes savent l'usurpation et la destruction de certains de nos chemins ou de quelques-unes de leurs parties, mais ignorent absolument le temps de l'établissement d'aucun d'eux. Il n'y a véritablement que les voies romaines et les routes modernes qui aient une origine connue. A la différence des voies romaines, qui en Aquitaine serpentaient sur les hauteurs le plus souvent, ces chemins allaient en ligne presque droite, franchissant monts et vallées.

Parmi ceux de la sorte et d'un long parcours, qui aboutissaient ou qui partaient directement de notre ville anté-romaine, nous en avions omis au moins deux : Parce qu'ils ne portent pas en eux-mêmes, comme celui d'Auch et celui d'Agen, la preuve qu'ils furent établis, lorsque la ville s'étendait sur tout le plateau, limité par le grand fossé double dont nous avons si souvent parlé, et non pas seulement pour la ville actuelle, qui vient de l'édification, sur à peu près le tiers de la superficie, d'un camp fortifié de murailles au IVe siècle. On sait qu'il y eut alors un de ces camps fortifiés dans, ou tout près, chacune des capitales des cités de la Gaule.

Le plus considérable de ces chemins omis allait de la partie médiane du Nord de notre plateau jusqu'à la Garonne (27 kilomètres) en passant par St-Avit (antiquités), Rouillac (magnifique pièce d'or de Postume et de son fils — non pas Hercule — trouvée naguère sur le chemin et passée en Allemagne, nous a-t-on dit, au prix de 450 francs). Dunes (*Dunos*, nom à physionomie gauloise), Saint-Xiste (en règle générale tous les lieux à nom de saint remontent à l'antiquité). Ce chemin est dit vicomtal, dans un document du XIVe siècle. Ce même document indique, à environ cinq cents mètres de ce chemin et à trois ou quatre cents mètres de celui qui va suivre — c'est-à-dire entre les deux — un arbre que l'on dénommait *Espias* (espion ?). L'endroit où était cet arbre, sur les limites de la commune de Lectoure en ce temps-là et aujourd'hui encore, domine jusqu'à la vallée du Gers et découvre nos deux chemins et, de plus, celui d'Agen. Si ce nom de *Espias* avait la signification que nous soupçonnons ou pourrait voir là une tradition de l'époque gauloise, pendant laquelle certains arbres servaient pour guetter, selon quelques critiques. La chose est au reste de sens commun et de tous les temps.

Le deuxième chemin omis partait de plain-pied, à la différence de tous les autres, du front de la ville, près de l'endroit où la voie de Lyon vint aboutir. Il allait à Sainte-Mère (antiquités), ensuite, après avoir croisé le premier, joignait le chemin d'Agen, au Nord et à trois kilomètres d'Astaffort. La route nationale actuelle a pris ce chemin presque en entier.

Mais ces deux chemins allaient vers le nord ou en venaient, presque aussi bien que celui d'Agen, et aucun chemin allant vers l'est, c'est-à-dire allant directement vers la Province Romaine, n'est demeuré nettement dessiné ici : celui allant vers Toulouse était trop oblique au sud-est. Seulement au chemin de Sainte-Mère, qui n'était en réalité qu'une partie double du chemin d'Agen, venait s'en embrancher un autre, au nord-est par Mira-doux et Auvillars (en passant à la Peyronelle, Castet-Arrouy, St-Antoine-de-Pont-d'Arrats), et à celui-ci un chemin passant au lieu dit Caussade (*chaussée*), ensuite à Gramont, Marsac, Lavit-de-Lomagne ; c'est-à-dire allant vers l'Est, sauf une grande lacune entre Caussade et Gramont, lacune qui a peut-être toujours existé. Mais encore, au résumé, tous ces chemins, excepté seulement celui d'Agen, passaient certainement dans la forêt de *Bocoëre* ou, celui de St-Xiste, dans une de ses suites qui portait les noms de *Grand* et de *Petit Gimoard*. Et ces noms de forêts doivent rentrer dans la liste de noms propres antiques sans doute, qui étaient rapprochés dans notre premier mémoire : Celui de Bocoëre ou Boucouère, que l'on retrouve sous ces formes ou les équivalentes, *Boucoire, Bocoera*, etc., sur tous les documents lectourois à partir du XIIᵉ et du XIIIᵉ siècles (Bacouère sur nos plans par erreur d'un imprimé que nous eûmes tort de suivre), se rapproche de celui de la forêt de Bouconne. — *Bucconis* ou *Buccones* sur un document antique — et celui de *Gimoard* se rapproche du nom de la petite rivière *Gimone*. Forêt et rivière ne paraissent pas ici contradictoires, car nous avons encore, au moins, le ruisseau de *Portasau* (à la Peyronelle) et la forêt de *Portaglon* (le Ramier actuellement) dont les rapports onomastiques ne sont sans doute pas fortuits non plus.

La forêt de Boucoire couvrant les deux chemins dont nous venons de parler, et encore sans doute le front de la ville, comme nous avions dit, il est infiniment probable que Crassus ne passa pas par là ; averti qu'il devait être au reste par ses évocats qu'il avait dû choisir parmi certains, au moins, des anciens légionnaires des précédentes campagnes. Il dut venir de l'Est par un chemin qui forme une légère courbe, ne l'éloignant pas beaucoup de son but, et où l'on reconnaîtrait bien toujours sa tactique et son programme. Ce chemin passe par Castelferrus, Angeville, St-Arroumex, Asques, *Camp Romain*, Castéra-Bouzet, Mansonville, Flamarens, Miradoux, Castet-Arrouy, le Frandat, St-Avit, lieu dit Plumassan où il aboutit au chemin d'Agen, sur un point situé à six kilomètres de Lectoure, à trois et à cinq seulement des champs de bataille probables. Au Frandat, sur la lisière de l'ancienne forêt du Gajan, et non loin du chemin, il a été trouvé un petit trésor de monnaies d'argent (deniers) de la République Romaine ; dont quatre (familles *Hosidia, Junia, Porcia, Postumia*) ont été recueillies au Musée de Lectoure. Le dépôt d'un tel trésor de pièces antérieures à l'Empire, peut ne pas être étranger au passage de Crassus ou à ceux de ses prédécesseurs Valérius et Manlius ; et le Camp Romain, noté exceptionnellement sur la carte de l'Etat-major (à 15 kilomètres de la Garonne et à 32 kilomètres de Lectoure), peut ne pas y être étranger davantage.

Plusieurs autres grands chemins directs aboutissaient à Lectoure ou partaient de cette ville, mais tous par embranchements à celui dit de Toulouse sur notre plan, ou à ceux d'Auch et d'Agen. Nous les donnerons ici, d'après les documents des XIVe, XVe et XVIe siècles (aux archives municipales) qui les mentionnent comme partant de Lectoure (aussi bien que les autres, dont ces documents parlent aussi). Ils existent d'ailleurs encore en nature, ou existaient naguère, peu ou point modifiés par des empiètements et les routes modernes ont utilisé quelques parties seulement d'entre eux.

Par le chemin de Toulouse ou, depuis, par la voie romaine qui de Lectoure aboutissait à Toulouse : 1o Chemin de Plieux (10 kilomètres). Usurpé depuis une trentaine d'années. Déjà alors il ne s'embranchait plus qu'à la nouvelle route de Saint-Clar; sur l'ancienne, qui était la voie romaine allant à Toulouse, la jonction se faisait au midi des hauteurs de la Justice, près de Lectoure. Aujourd'hui il faut faire un grand contour pour aller à Plieux.

2° Chemin de St-Léonard (16 kilomètres) : laisse Castelnau-d'Arbieu à droite. Il a été trouvé sur les accotements de ce chemin, près de Lectoure, une grande hache en roche schisteuse polie. 3° Chemin de Mauvezin (*Maulvoisin*) (35 kilomètres). C'était probablement la suite du précédent par Bivès et Montfort.

Par le chemin d'Auch : 1° Chemin de la Thésaurère, Aurenque, Lamothe-Ando, Céran, Lalanne, Miramont, Mirepoix,... (24 kilomèmètres) : laisse Fleurance à droite; 2° Chemin de Bouillas, Pauilhac, Sainte-Radegonde, Préchac,... (17 kilomètres). Ce chemin traversait l'ancienne forêt de Portaglon, depuis le Ramier, qui commençait à deux kilomètres de Lectoure. Antiquités dans cette forêt (poteries, bronzes, bijoux en or); restes d'une villa, à gauche du chemin, recouverts par les arbres; sur les accotements du chemin même, dans la traverse de la forêt, pièce d'or de Vespasien. 3° Chemin non mentionné sur nos documents (?) mais existant encore avec les mêmes caractères que les autres et allant à Lamothe-Goas, Réjaumont, Lavardens (24 kilomètres).

Par le chemin d'Agen : 1° Chemin de Terraube (antiquités), le Mas-d'Auvignon (antiquités), le St-Puy (16 kilomètres). 2° Chemin de Lagarde-Fimarcon, Larroumieu, Gazaupouy (antiquités) (17 kilomètres). 3° Chemin de Larroque-Fimarcon ou Engalin, St-Agnan (12 kilomètres). 4° Chemin du Castéra-Lectourois, Moulin-Neuf (sur le Gers), St-Mézard (antiquités) (14 kilomètres). Enfin il n'est pas douteux que quelques unes au moins des voies romaines, dont nous avons parlé, furent

établies en grande partie sur d'anciens chemins, partant de Lectoure directement ou par
embranchements.

Par exemple, un chemin sur Condom (antiquités) par Marsolan (antiquités) ; un autre
sur St-Martin-de-Goyne et sur Berrac ; un
autre sur St-Clar (antiquités). Sûrement un
deuxième chemin de Lectoure à St-Clar est
mentionné sur nos documents du XVIe siècle,
il s'embranchait probablement au chemin de
Plieux (ci-dessus) et passait à l'Isle-Bouzon.

Au moyen de tous ces chemins rayonnant
dans toutes les directions, avec une largeur
de six ou sept mètres, ou même plus (à l'origine et encore aujourd'hui sur quelques
points), on voit qu'il était facile à tous les
habitants de la région de venir se concentrer
rapidement à Lectoure en temps de guerre.
Encore y avait-il une infinité de petits chemins rejoignant les grands, dont dix de cette
catégorie aboutissaient directement sur notre
plateau, en plus de tous les autres !

Mais dans ce cas de guerre. on voit aussi,
si on a suivi toutes nos remarques présentes
et passées, qu'en somme il n'y avait de moins
dangereux pour les ennemis que les accès par
le chemin d'Auch ou par celui d'Agen. De là
sans doute les exceptionnelles dispositions
stratégiques de ces deux chemins (imitées
pourtant aussi pour le chemin de St-Xiste),
dispositions qui viennent tout corroborer.
Comme le montre notre plan, le chemin
d'Auch était commandé, avant de joindre
celui d'Agen, par les rochers et les murs de
l'enceinte sur une longueur de cinq cents
mètres, et celui d'Agen était commandé de
même sur une longueur de plus d'un kilo-

mètre. Enfin les deux chemins se joignaient,
et n'en faisaient plus qu'un qui était bordé
des deux côtés par les rochers et les murs de
l'enceinte, sur une longueur de cent mètres
environ avant d'aboutir à la porte ! Il est
demeuré, semble-t-il, quelques traces de cette
porte au bas du rocher, à gauche du chemin.

Comme c'est le chemin d'Agen, en définitive, qui a tenu sans doute le plus grand rôle
dans les premiers faits de la conquête de
l'Aquitaine, nous reprenons ici la nomenclature de détail des lieux où il passe, ou bien
où on le trouve avoir passé, en la complétant
jusqu'à Agen. (Les noms de saints, qui sont
généralement partout à la place d'anciens
sanctuaires payens, les églises ou chef-lieux
de paroisses anciennes et modernes, seront
en italiques) : *Lectoure, place Sainte-Marie*
— Ydrone — Jardins — Marquisat (corruption de « *Martisat* » en souvenir de Saint-
Clair, martyrisé en cet endroit, d'après la
légende)— Côte-du-Pont-de-Pile (où s'élevait,
au bord du chemin, l'Hôpital et l'Eglise de
Sainte-Catherine) — Cor — Boulant (autrefois *Saint-Mézard*) — Payroulère — Navère
(« *sive Sanct-Julian* ») — Mounon — Salasse
— Combarrau — *Plumassan* — Escaunus —
Majolin — Peyrè — Sarron — Campagnau —
l'Eyrété — *Sempesserre* (antiquités) — Lagarrière — Sauzet — l'Arque — Brun — *Barbonvielle* — la Junquère — Castex — Caupenne — *Astaffort* — Rinquet — Roques —
Fals — Janin — le Carrefour — Harques —
Cadillon — Peyrade — les Cabanes — passage de la Garonne, à 30 kilomètres de Lectoure et à 6 kilomètres d'Agen — la Mothe-
d'Alot — la Teste — Grésailles — Coustas —

Automne — *Agen*. Ce chemin laisse Layrac à une petite distance à gauche. C'est par ce chemin, et non par la voie romaine qui était de l'autre côté du Gers et de l'autre côté de la Garonne, que passèrent sans doute, en 1528 et en 1529, deux bourgeois d'Auch, allant à la Cour et en revenant. Ils indiquent, dans leurs livres de comptes, les stations d'Agen, Layrac, Astaffort (*Hastafort*), Lectoure (*Laytora*).

Tous les chemins, que nous venons de voir, ne finissaient sans doute pas dans un rayon aussi court qu'Agen, Auch ou autres lieux plus rapprochés encore. Ils se soudaient certainement dans les principaux centres à d'autres chemins, qui s'étendaient fort au loin de la même manière. C'est ce que viendrait prouver, s'il en était besoin, la dispersion de la monnaie des Sotiates, non seulement dans l'Eauzan et à Vieille-Toulouse, mais encore le long des Pyrénées et en Espagne (Edw. Barry), l'Albigeois (E. Cabié), la Normandie (abbé Cochet).

Vestiges de la première apparition de l'homme sur le plateau et dans la plaine voisine : Au Midi du plateau, au pied des rochers, sur lesquels s'élèvent encore des restes du mur fortifié du moyen-âge recouvrant le mur gallo-romain du IVe siècle, fond d'une grotte ou caverne de trois mètres cinquante centimètres de large sur environ vingt cinq centimètres de profondeur ; demeuré après que l'on eut rogné les rochers autour de la ville, il y a une cinquantaine d'années. Dans ce reste de cavité naturelle on voit, en coupe, un mince lit de gros gra-

viers, très purs et transportés là de main
d'homme, sur lequel sont une épaisse couche
de cendres noirâtres et des débris d'ossements :
le tout recouvert et pénétré, par places, de
concrétions calcaires. La cavité s'étendait,
en s'approfondissant sans doute, à gauche,
mais cette partie fut murée quand on abaissa
le chemin de ronde qui passait sur la grotte,
lorsqu'elle était au complet. Au Nord, avant
la destruction dont nous venons de parler
d'une partie des rochers — sur l'emplacement
du chemin de ronde actuel, devant l'abattoir
— était aussi une vaste excavation dans
laquelle tous les hivers venaient habiter des
Gitanos. L'endroit était dénommé, pour cette
cause sans doute, *los Arrocs de las Bohe-
mias* « les rochers des Bohémiennes ». Il est
fort probable que ce véritable abri sous roche
avait déjà servi, comme l'autre, aux temps
dits préhistoriques.

Vers l'extrémité occidentale de la ville
actuelle, touchant à la rue Nationale, au-
dessous de tous les débris les plus anciens —
de tuiles à rebord et de poteries noires, grises
et brunes — et à près de trois mètres au dessous du sol actuel il a été découvert, il y a
dix ans, un vaste foyer avec cendres grises
et charbons très divisés et très tenus. Un
autre foyer ou cendrier se montre en coupe,
au Midi, sur les rochers de l'ancienne enceinte,
au delà de la ville actuelle. Ce foyer, dont on
ne voit peut-être qu'un petit bout, a une largeur d'environ un mètre cinquante centimètres sur quinze centimètres de hauteur ; hauteur que l'on reconnaît à la voute formée au-
dessus des cendres par une sorte de conglo-
mérat calcaire. Les lézards font couler depuis

longtemps des cendres de ce foyer, qui est à quatre mètres environ au-dessus du chemin de ronde actuel et à cinq mètres au-dessous du sol supérieur : couches de terre et de décombres, qui furent sans doute principalement formées par le terrassement d'un bastion qui s'élevait autrefois en cet endroit. D'autres cendriers nous avaient été signalés, comme trouvés dans les profondeurs du sol, sur d'autres points de la ville ou du plateau ; mais nous ne les avons pas vus par nous-même, comme les autres, et nous avons égaré la note qui les concernait.

Dans la plaine, où fut la ville gallo-romaine, nous n'avons encore constaté, comme se rapportant peut-être aux mêmes lointaines époques, que des lits de cailloux, transportés de main d'homme, et qui se trouvent aujourd'hui aux niveaux les plus bas : au-dessous de tous les autres restes antiques. Sur la hauteur où il n'y a, pas plus que dans la plaine, de dépôts naturels de ces cailloux on en remarque néanmoins d'épars en divers endroits près de l'ancienne enceinte. On les voit plus nombreux, au Nord, au pied des rochers qui formaient l'enceinte de ce côté, sur une lisière longue de quatre cents mètres demeurée inculte : à partir du bout du double fossé et parallèlement au chemin de St-Avit ou de St-Xiste. Ces cailloux ronds, qui arrivent de la grosseur d'un œuf à la grosseur du poing, peuvent être supposés comme ayant été choisis et approvisionnés pour servir de projectiles, en un temps quelconque de l'antiquité anté-romaine, et avoir été jetés depuis du sol supérieur où il n'y a plus que des champs cultivés.

Armes et outils dits préhistoriques.
Pierre taillée : Pointe de flèche de javelot ou
de poinçon tirée avec une grande habileté des
éclats d'un caillou brun. Deux autres éclats
lenticulaires de caillou gris divisés en deux
et appointés sur un côté par petits éclats. Ces
objets, qui ont une longueur moyenne de
cinq centimètres, ont été trouvés sur le plateau et ont été déposés au Musée de Lectoure :
ce que nous désignerons dans ce qui suit par
le signe (M). Hache tirée par éclats d'un
caillou brun ; trouvée, en 1896, sur le plateau
près du lieu dit La Marque (M).

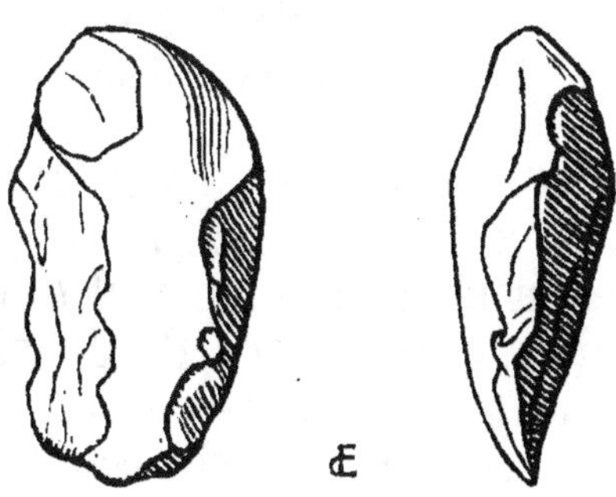

Hache taillée trouvée sur le plateau en 1896.
(Réduction à un quart)

Pierre polie : Grande hache, trouvée dans
le sol tout près de l'ancienne cathédrale. C'est
un caillou de choix, en roche noire (schiste ?)
achevé d'approprier par un léger polissage
en quelques parties ; nombreuses traces
d'usage (M). Autre hache, trouvée dans le sol
de l'école primaire des filles, entièrement
polie et tranchante, comme à l'ordinaire ;
roche d'un vert très foncé (M). Autre grande
hache polie, trouvée dans le talus du chemin

Hache polie trouvée sur le plateau, près de la cathédrale.
(Réduction à un cinquième).

de ronde, près la tour dite du Bourreau. Autre, incomplète, en silex poli, couleur jaune d'ambre, trouvée dans le talus du chemin d'Agen, au midi et près des murs de la ville (est au Musée de Saint-Germain-en-Laye avec une fausse indication de provenance). Autre, en fragment, trouvée sur le plateau, lieu dit La Marque ; roche vert clair marbrée (M). Autre, trouvée en dehors du plateau, quartier de la Bouëre, mais non très loin de son double fossé ; roche gris cendré, grain extrêmement fin (M).

Percuteur tiré d'un caillou gris, arrondi très régulièrement par la main de l'homme, il reste seulement une très petite partie de l'ancien poli naturel du caillou ; trouvé dans le sol, rue de Guilhem-Bertrand (M). Autre percuteur en roche rouge, un peu dégradé ; trouvé dans le sol près de la rue Nationale (M). Petit caillou gris accommodé (?) par deux fortes échancrures polies de main d'homme ; trouvé près du lieu dit la Bouëre (M).

Sur l'emplacement de la ville gallo-romaine de la plaine, et qui avait déjà indubitablement été habité, il a été trouvé deux haches polies, plusieurs percuteurs, des disques et autres outils tirés de cailloux plus ou moins accommodés par le polissage ; l'un d'eux (?), en forme de barque pleine très régulière, a dû coûter notamment un long et minutieux travail. Presque tous ces objets sont au Musée.

Poteries : Plusieurs échantillons de poteries (noires, grises ou brunes), de ceux qui se trouvent en abondance extraordinaire sur toute la superficie du plateau et surtout dans le sol de la ville actuelle, semblent remonter à une haute antiquité, mais on ne peut les distinguer, avec une entière certitude, des échantillons de même genre ou de même couleur appartenant sans doute aux époques dites historiques.

Bronzes : A notre connaissance, il ne s'est pas rencontré encore sur le plateau de Lectoure ni dans la plaine des objets qui puissent être attribués à *l'âge dit du bronze,* sauf peut-être un dé à coudre monstrueux (en forme de tiare papale) trouvé dans le sol de la ville actuelle, près la rue Nationale (M). Il faut aller dans la campagne et dans les forêts voisines (Gajan, Ramier ou Portaglon, Méréncq) pour trouver, avec des silex taillés et polis, des haches de bronze de diverses formes. Des fonderies de bronze ont pourtant existé sur le plateau, et nous avons recueilli un lourd fragment de déchet (5 kilos 60 grammes), trouvé profondément dans le sol près la rue Nationale. On a trouvé encore, cent mètres plus loin (ancien couvent des Cordeliers) et profondément dans le sol aussi, de nombreux lingots ou déchets de bronze informes avec du charbon pulvérisé dans un trou ; mais il n'est pas impossible que ceci fût resté d'une fonderie de canons que le futur roi de France, Henri IV, fit établir vers la fin du XVIe siècles dans les ruines du couvent.

Temps dits historiques. Monnaies : Parm les monnaies que l'on pouvait s'attendre à trouver sur le plateau de Lectoure, ont été recueillies : Pièce des Sotiates au nom de leur roi *Adietuanus* qui commandait à Lectoure au temps de la guerre des Gaules (d'où une très remarquable légende de l'Agenais a tiré sans doute l'autoritaire et puissant « roi de Lectoure » « *Valduanus* ») ; trouvée dans les accotements du chemin de ronde, au Midi de l'ancien château (M). Bronze d'Emporiae avec contre-marques ; trouvé dans le sol près la rue Nationale (M). (Une pièce en tout semblable a été trouvée à Marseille). Denier d'argent de la République Romaine (famille Hosidia : variante de l'exemplaire ci-dessus trouvé au Frandat, le type du droit est moins beau ici, mais la pièce est dentelée) ; trouvée dans le sol près de la cathédrale. Bronze de Nimes avec les deux têtes adossées et le crocodile au revers ; trouvé dans le sol tout près de la cathédrale (M). Denier d'Auguste, fourré (!) ; trouvé dans le sol de l'école primaire des filles (M). Bronzes de Magnence et de Constantin ; se trouvent en très grand nombre sur tout le plateau et encore jusques

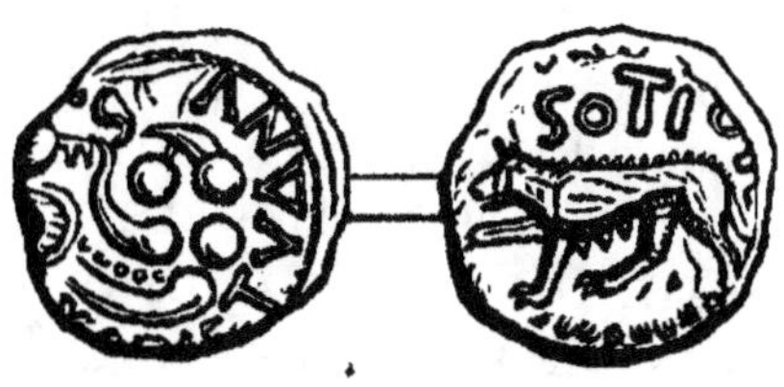

Pièce des Sotiates trouvée au Midi de l'ancien château de Lectoure. Sur les exemplaires bien complets les légendes portent : REX ADIETVANVS FF | SOTIOTA.

dans les rues de la ville(M)! Pièce d'or d'Anastase (440-518) : trouvée dans le talus du chemin de ronde au Midi de la ville (M). La grande lacune entre Auguste et Constantin montre bien que le plateau fut abandonné pour la plaine durant la longue paix romaine.

Sur l'emplacement de cette nouvelle ou même déjà ancienne ville de la plaine, il a été trouvé : Pièce en bronze des Sotiates avec des variantes encore inédites (scyphate comme les autres du même peuple, par exception peut-être unique dans le Gaule) ; flan épais. Denier des Sotiates (argent), anépigraphe(??); très commun aux environs de Lectoure, dans toute l'ancienne Aquitaine et au loin. C'est la monnaie dite vulgairement et improprement des Elusates, d'après certains numististes et des collectionneurs. Petit bronze de la République Romaine (*P. Betillienus Bassus*). Petit bronze indéterminé : tête à droite, au revers galère avec MA en exergue. Bronzes de Nimes, ci-dessus décrits, en très grand nombre ; la plupart coupés en deux, quelques-uns coupés en quatre. Toute la série ou à peu près des impériales romaines, jusqu'à Arcadius inclusivement : Nous noterons seulement les empereurs ou princes les plus largement représentés : Agrippa, Claude, Vespasien, Trajan, Hadrien, Antonin, Marc-Aurèle, Vérus, Commode, Sévère Alexandre, Claude le Gothique, Victorinus, Tetricus, Magnence, Constantin et ses trois fils. Ce sont les Constantins qui sont en plus grand nombre. Après vient une riche suite de petits bronzes barbares, presque tous imités des petits bronzes des deux Tetricus. Dans un trésor d'environ deux mille pièces d'argent, trouvé aussi sur l'emplacement de notre ville gallo-romaine de la plaine, et comprenant une suite allant de Trajan, inclusivement, à Gallien, exclusivement, les proportions n'étaient pas les mêmes : c'étaient Gordien III et Philippe Ier qui s'y trouvaient le plus largement représentés. Notons encore, parmi les pièces non communes ici, une coloniale de Bilbilis et une coloniale d'Alexandrie ; cette dernière au nom de Dioclétien. Toute la série des pièces romaines et barbares est amplement représentée au Musée.

Poteries : Pour le plateau, mêmes observations que ci-dessus. Néanmoins appartiennent sans doute à l'époque romaine des poteries fines, noires, lustrées, avec ornements en creux, qui se trouvent dans le sol de la ville de la plaine et dans celui de la ville actuelle à deux mètres de profondeur, sous des amas de tuiles à rebord avec fortes traces d'incendie. Et peut-être appartiennent à l'époque gauloise des poteries grises plus grossières ornementées de trous, de zic-zacs, de quadrillages. Dans la ville actuelle encore, et sur tout le reste du plateau, nombreux restes d'amphores fluettes et à parois minces, non sigillées, ainsi que des débris de forts vases à parois très épaisses, de couleurs grise et brune.

Pour le surplus des restes céramiques ou autres et pour la ville de la plaine, où se sont trouvés, par exemple, une infinité de bijoux d'or, d'argent et surtout de bronze, nous renvoyons à notre recueil, *Objets antiques avec marques de fabricant, inscriptions ou autres signes trouvés à Lectoure* (280 numéros : un supplément, en préparation, les portera à 350), paru dans la *Revue de Gascogne* et en tirage à part (Auch, 1894). Tous les autels votifs tauroboliques à la Grande Mère, ou Mère des Dieux, ceux ordinaires à Jupiter, à....?, aux Dieux Manes ; les piédestaux de statues à Faustine, la mère, et à Marc-Aurèle, les restes de statues de pierre et de marbre, les colonnes, chapiteaux, sarcophages, etc, qui sont au Musée ou qui ont été dispersés (notamment une tête de Janus bifrons, en marbre) et qui ont été trouvés sur le plateau, ne lui appartiennent pas d'origine. Ils y furent transportés de la plaine, avec d'énormes dalles moulurées ou non moulurées (le tout tiré des monuments renversés), pour les fondations des murailles du camp dont nous avons déjà parlé. On peut voir une petite partie de ces objets dans le recueil de M. le capitaine Espérandieu, *Inscriptions antiques de Lectoure* (paru dans la *Revue de Gascogne* et dans un tirage à part : Auch et Paris, 1892). Seulement, de grands fragments de fûts de colonnes en pierre, découverts profondément enterrés dans les environs de la halle actuelle, ont pu appartenir à un édifice

Un des deux autels à Jupiter trouvés sur le plateau, en 1877 et en 1881. avec une statue de ce dieu.

(Réduction à un dixième)

élevé sur le plateau. Appartient aussi à ce plateau, sans doute, un fragment *d'ex-voto* (petite statue à mi-corps, en pierre très dure tirée du plateau même), trouvé dans une cave de la rue des Vieilles-Ecoles. Ce morceau semble tout à fait remonter à l'époque anté-romaine (M). C'est à tort qu'on a avancé que les Gaulois n'avaient pas d'art : ils ont laissé sur leur sol une infinité de monnaies d'un style particulier et parfois inimitable. Pendant la domination romaine encore, la vitalité et la grande originalité de l'art gaulois ne cessa de se manifester dans

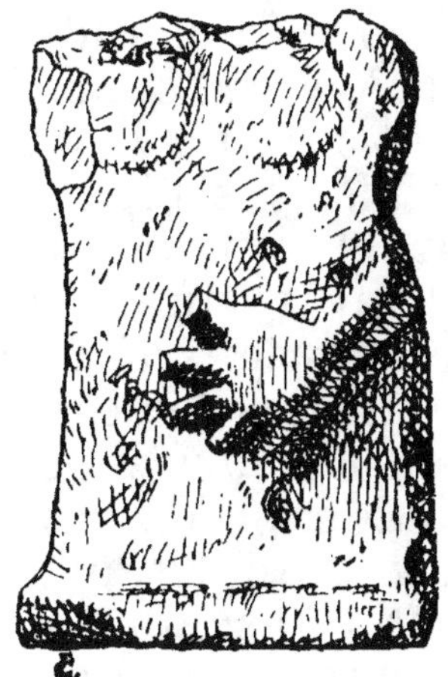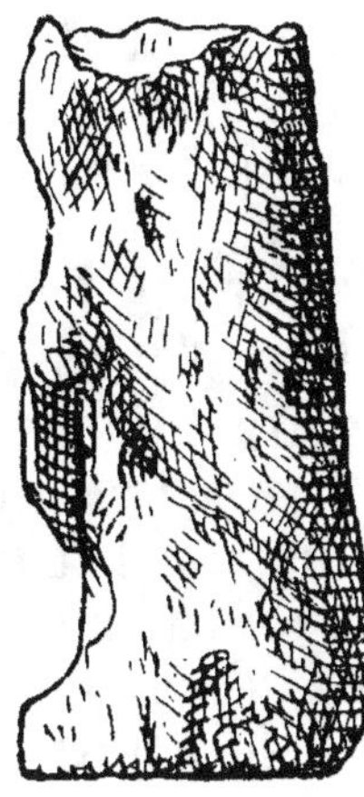

Fragment d'*ex-voto* trouvé sur le plateau en 1879.

(Réduction à un septième).

un grand nombre de monuments, dont les pareils ne se trouvent ni en Grèce ni en Italie. Le Musée de Lectoure en possède des échantillons trouvés dans cette ville et dans les environs, où tout n'a pas été recueilli encore.

Nous avons laissé pour la fin, ce qui fut sans doute une des causes déterminantes du commencement de la ville, la grande fontaine qui, entre les autres. alimentait le plateau. Cette fontaine a conservé son nom antique vraisemblablement : *Fons Elia* (?). *Fontelia* sur les documents gascons du moyen-âge, *Hountelio* dans la prononciation actuelle. Ce nom se rapproche de celui de *Fontindele* que porte nne fontaine de Nérac, ville où se sont trouvées d'autres antiquités, sans compter celles qu'un faussaire y fabriqua, il y a une soixantaine d'années. Des pratiques payennes s'étant sans doute perpétuées à la grande fontaine de Lectoure, on y fit peindre à fresque, au XIIIe siècle, la Vierge tenant l'enfant Jésus dans ses bras et ayant à ses côtés les saints Gervais et Protais, les pièces mêmes du sceau de la cathédrale, qui est toute voisine de la fontaine. Il ne reste autrement à cette fontaine d'autres vestiges de l'antiquité que la plus grande partie des fortes dalles de son pavage à l'intérieur, creusées de queues d'aronde et de trous de louve : Ce qui indique que ces dalles, comme un grand nombre d'autres semblables de la base du mur gallo-romain de Lectoure, furent prises à des monuments renversés avant le IVe siècle.

Un recueil général des antiquités de Lectoure demanderait près d'un millier de gravures, et remplirait un très fort volume.

Durant le Moyen-Age et la Renaissance, le rôle de cette ville fut à peine moindre que celui qu'elle avait eu dans l'antiquité, aux époques gauloise et gallo-romaine.

Juillet 1896.

ADDITIONS ET CORRECTIONS

Page 38, ligne 9. — Proeconinus, *lisez :* Praeconinus.

Page 112, à la ligne 6. — (*is*) se rapporte à la ligne 7, après CIVITAT.

Page 126. — D'après les documents graphiques et l'état des lieux, le chemin de Saint-Xiste partait, comme les autres, des abords de la partie la plus élevée du plateau. Il manque sur notre plan (page 45) le petit contour du lacet que forme ce chemin et qui aurait dû être marqué joignant ses deux sections ; indiquées l'une en noir et l'autre en blanc. Au contraire, la petite partie de chemin qui est sur le plan. à main gauche de l'endroit du dit contour, n'a jamais existé.

TABLEAU MÉTHODIQUE
DES PRINCIPAUX NOMS
CONTENUS DANS L'OUVRAGE

Océan, Golfe

Océan, Océan Santonique ; Golfe Galatique, *Sinus Aqui-tanicus*, Golfe ou Océan Tarbellien.

Fleuves, Rivières, Ruisseaux, Fontaines

Arar, Saône. — *Atur*, Adour. — Aude. — Baïse. — Dordogne. — *Fontelia, Hountelio.* — Fontindele. — Garonne, Grande Garonne. — Gélise. — Gers. — Gimone. — Gueyze. — Laram. — Lause. — Loire, Loire des Carnutes. — Portasau. — *Rhodanus*, Rhône. — Saint-Jourdain. — Saint-Mézard. — Saint-Michel. — *Sancta-Ribeta.* — Tarn.

Montagnes

Aubrac. — Cévennes. — Pyrenées, Pyrenées Tarbelli-ques.

Forêts

Bocoera, Bocoëre, Boucoire. — *Buconis* ou *Buccones,* Bouconne. — Gajan. — Gimoard (Grand et Petit). — *Méréncq.* — *Portaglon,* Ramier.

Ethniques

Aquitains, *Aquitanorum, Novempopuli, Gentes IX populi Narbonensis* (pour *Lactorensis ?*), Gascons. — *Arubii* ou *Arvii*, les mêmes (?) que les *Curiosolites* ou *Coriosolites.* — Ἀρουέρνουσ, *Arverni.* — *Ausci* ou *Auscii.* — Belges. —

Benarni. — *Bigerri.* — *Bituriges Cubi.* — *Bituriges Vivisci,* Bordelais. — *Biturigum.* — Boates ou Boiates. — Cantabres. — Carnutes. — Celtes. — *Consoranni.* — *Convenae.* — Elusates. — Γαϐάλους, *Gabali,* Gabales. — Gallo-Romains. — *Gallorum,* Gaulois. — Germains. — Grecs. — *Gundalorum* (pour *Vandalorum* ?). *Helvii.* — *Limovices.* — *Namnetae.* — *Nemetes.* — Νιτιόϐριγας, *Nitiobriges,* Agenais. — *Petrocori* ou *Petrocorii.* — *Pictones.* — *Samnitae* (pour *Namnetae*). — *Santones,* Santons. — Séquanes. — *Sotiotes, Soliates, Psauscii,* Δάτιοι, *Datii* ou *Dacii, Lactorate Sauci* (pour *Lactoratae Sauciates),* Lectourois. — *Tarbelli* — *Tarusates* ou *Latusates.* — *Tolosates.* — *Triboci.* — *Vangiones.* — Οὐέλαυνοι, *Velauni.* — Vénètes. — *Vocates, Basabocates, Vasarii* pour *Vasatii,* Vasates. — *Volce Tectosi* (pour *Volcae Tectosages*).

Pays et Provinces

Asie. — Aquitaine géographique et ethnographique, *Lactorae, Novempopulana,* Gascogne. — *Aquitania,* Aquitaine politique d'Auguste. — *Aquitanicae XI populos, Aquitanicae,* Aquitaine celtique, 1re et 2e Aquitaines. — Alpes (provinces des). — Belgique. — Celtique. — Corse. — Egypte. — Espagne. — *Gallia Braccata,* Province, Narbonnaise. — *Galliae,* Gaules (Aquitaine, Lyonnaise, Belgique, Narbonnaise). — *Galliam* (la Gaule, moins l'Aquitaine primitive et la Province ou Narbonnaise). — Germanie supérieure, Deux Germanies (les). — Illyrie. — *Luguduniensis,* Lyonnaise. — Mauritanies (les deux). — Navarre, Navarre espagnole. — Normandie. — *Quinque* et *Septem Provinciae.* — *Senonia* ou 4e Lyonnaise. — Trois Gaules (Aquitaine, Lyonnaise, Belgique). — Viennoise.

Cités et Petits Pays

Agennensium, Agenois. — Albigeois. — Angoumois. — Anjou. — *Aquensium.* — *Aturensium.* — *Benarnensium,* Béarn. — Buch — Chartrain (pays). — Condomois. — *Convenarum.* — *Elloronensium,* — *Elusatium,* Eauzan. — *Fiomarcon,* Fimarcon. — Gabardan. — Landes. — Lauraguais. — Marsan. — Périgord. — Picardie. — Poitou. —

Saintonge. — *Sciscianensis* pour *Suessionensis.* — *Sotiota,
Lactorat...*, *Lactoratium, Lomaio*, Lomagne. — Touraine.
— *Turba, Bigorra*, Bigorre. — *Vocatium et Tarusatium*
(*fines*).

Villes

Agen. — *Agendicum* ou *Agedincum*, Sens. — *Aguis* ou
Aquis, Dax. — Albi. — *Alesia*, Alise. — Alexandrie. —
Amiens. — Angoulême. — *Atura* ou *Atures, Vico-Julii*,
Aire. — *Augustoredo, Lemovix* (LEMMOVIX AGVSTO-
REDO), Limoges. — Autun. — Aquilée. — *Avaricum,*
Bourges. — Besançon. — *Bilbilis.* — *Boios.* — Bordeaux.
— Cahors. — *Carcassone*, Carcassonne. — Condom. —
Cossio, Vasatae, Vasatas ou *Vasates*, Bazas. — Die. —
Eliumberrum, Eliberre, Augusta, Auch. — *Elusa*, Eauze.
— *Emporiae.* — Feurs. — Foix. — Fréjus. — *Gergovia*,
Gergovie. — *Gesoriacum.* — *Iluro*, Oloron. — Javouls. —
Lavestianum, Lascuranum (?), *Beneharnum*, Lescar. —
Limonum, Poitiers. — *Lutecia*, Paris. — Lyon. — Mar-
mande. — Marseille. — *Mediolanum* ou *Mediolanium*, Sain-
tes. — Moissac. — *Narbone*, Narbonne — Nérac. — Nimes.
— Périgueux. — Puy-en-Velay. — *Ratiatum.* — Réole (la).
— Riez. — Rodez. — *Roma*, Rome. — Ῥουέσσιον, Saint-
Paulien. — Saint-Bertrand-de-Comminges. — Saint-Lizier.
Sotiatum (*oppidum*), Τάστα, *Lactora, Laytora, Litouro*,
Lectoure. — *Turba* (?), *Bigorra, Tarba*, Tarbes. — Thé-
rouanne. — *Tolosa*, Toulouse. — Toul. — Troyes. — *Uxellodunum, Pech-d'Usselou*, Puy-d'Issolu. *Vagoritum*, Cor-
seult (?). — Vaison. — Valence. — Vence. — Vienne.

Bourgs et Villages

Aiguillon. — Alichamp. — Angeville. — Asques. —
Astaffort. — Aulnay. — Auvillars. — Beaumont-de-Loma-
gne. — Berrac. — Bivès. — Caderousse. — Castelferrus.
— Castéra-Bouzet. — Castéra-Lectourois. — Castet-Ar-
rouy. — Céran. — Conques. — Fals. — Flamarens. —
Dunos, Dunes. — Gazaupouy. — Gramont. — Grignols. —
Hasparren. — Isle-Bouzon. — Labourgade. — Lafite. —
Lagarde-Fimarcon. — Lagardère. — Lalanne. — Lamothe-
Goas. — Lannepax. — Larazet. — Larroque-Fimarcon ou

Engalin. — Lavardens. — Lavit-de-Lomagne — Layrac.
— Lubbon. — *Madirani*, Madiran — Malauze. — Manson-
ville. — Marsac. — Marsolan. — Mas-d'Auvignon. — Mas-
de-Verdun ou Mas-Grenier. — Mauvezin — Miradoux. —
Miramont-la-Tour. — Mirepoix. — Moirax. — Montfort. —
Pauilhac.—Picquigny. —Plieux. —Préchac. —Réjaumont.
— Riez. — Riscle. — Roques. — Saint-Antoine-de-Pont-
d'Arrats. — Saint-Arroumex. — Saint-Avit. — Saint-Clar
— Sainte-Mère. — Sainte-Radegonde. — Saint-Léonard
— Saint-Mézard. — Saint-Puy (*Sompuy*). — Saint-Martin-
de-Goyne. — Saint-Xiste. — Sarrant. — Sauvetat-de-Gaure.
— *Scittio* ou *Scotio*, Gabarret. — Sempesserre. — Sos. —
— Tain. — Terraube. — Vic-de-Sos. — Vieille-Toulouse.

Hameaux et Lieux dits

N.-B. — Les noms de ceux de ces lieux, qui, à notre connaissance, avaient ou ont encore une église, seront en *italiques*.

Abrin. — Arque (l'). — *Aurenque*. — Automne. — *Barbonvielle*. — Blanat. — Bouère. — *Bouillas*. — Brun. — Cabanes (les). — Cadillon. — Campagnau. — Camp-de-César. — Carrefour (le). — Castex. — Caupenne. — Caussade. — César. — Coma batalhera (Vallon de la bataille ou des batailles). — Combarrau. — Cor. — *Côte-du-Pont-de-Pile*. — Coustas. — Couyrasse. — Demont (pech). —Eyrété (l'). — *Frandat*. — Grésailles. — *Gueyze*. — Harques. — Janin. — Jardins. — Junquère (la). — Justice (la). — Lagarrière. — *Lamothe-Ando*. — Laucate. — Limes. — Majolin. — Marque (la). — Marquisat ou *Martisat*. — Moulin-Neuf. — Mounon. — Mothe-d'Alot. — Navère *sive Sanct-Julian*. — Payroulère. — Peyrade. — Peyrè. — *Peyronelle* (la). — Plumassan. — Rinquet. — — Romas (Romains?). — *Rouillac*. — *Saint-Agnan*. — *Sainte-Catherine*. — Sainte-Marie. — *Saint-Mamet*. — *Saint-Martin*. — Saint-Mézard, Boulant. — Salasse. — Sarron. — Sauzet. — *Seniuri*. — Sos. — Tasta. — Tastarot. — Taste (la). — Tastote (la). — Teste. — Thésaurère. — *Ydrone*.

FIN